Inhalt

100% übersichtlich

Erleben Sie 100% Paris auf sechs Spaziergängen. Jedes Kapitel im 100% Cityguide ist einem Spaziergang gewidmet. Am Kapitelende gibt es eine Karte mit der Kurzbeschreibung des Spaziergangs. Auf der Karte in der vorderen Umschlagklappe sehen Sie die drei Kartenausschnitte im Überblick. Dort finden Sie anhand der Buchstaben Ⓐ bis Ⓩ alle Hotels sowie die Sehenswürdigkeiten und Ausgehtipps, die nicht auf einem der Spaziergänge liegen.

In den sechs Kapiteln beschreiben wir ausführlich, welche Sehenswürdigkeiten Sie auf den Spaziergängen entdecken können und wo man gut essen, trinken, shoppen, feiern und relaxen kann. Alle Adressen sind mit einer Nummer ① gekennzeichnet, die Sie im Stadtteilplan am Ende des Kapitels wiederfinden. An der Farbgebung der Nummer können Sie erkennen, zu welcher Kategorie die jeweilige Adresse gehört:

🟣 Sehenswürdigkeiten	🔴 Shoppen
🔵 Essen & Trinken	🔵 Paris live

SECHS SPAZIERGÄNGE

Zu jedem Kapitel gehört ein Spaziergang, der – ohne Besuch der genannten Adressen – ungefähr drei Stunden dauert. Die Länge der Strecke (in km) finden Sie über der Wegbeschreibung und auf den einzelnen Stadtteilplänen sehen Sie den genauen Verlauf der Route. Die Beschreibung neben dem Stadtplan führt Sie entlang der Sehenswürdigkeiten zu den schönsten Adressen. So entdecken Sie fast nebenbei die besten Shopping-Gelegenheiten, die nettesten Restaurants und die angesagtesten Cafés und Bars. Wer irgendwann keine Lust mehr hat, der Route zu folgen, kann aufgrund der Tipps und Pläne auch wunderbar auf eigene Faust Entdeckungen machen.

PREISANGABE BEI HOTELS UND RESTAURANTS

Um Ihnen eine Vorstellung von den Preisen in den Hotels und Restaurants zu geben, finden Sie bei den Anschriften stets auch die Preise. Die Angaben für Hotels beziehen sich auf ein Doppelzimmer mit Frühstück pro Nacht, es sei denn, es ist etwas anderes angegeben. Die Angaben für die Restaurants nennen – wenn nicht anders verzeichnet – den Durchschnittspreis eines Hauptgerichts.

GUT ZU WISSEN

Das Zentrum von Paris liegt innerhalb zweier Boulevards, die ringförmig um die Stadt verlaufen: Boulevard Extérieur und Boulevard Périphérique. Alles, was sich jenseits dieses Boulevards befindet, sind die sogenannten *banlieues*. Die Seine teilt die Stadt in Rive Droite (rechtes Ufer) und Rive Gauche (linkes Ufer). Paris besteht aus 20 Arrondissements, Bezirke, die in jeweils vier Quartiers (Stadtviertel) unterteilt sind. Jedes Arrondissement hat einen eigenen Namen und eine Nummer: Bezirk 1 ist der Louvre im Herzen der Stadt. Die Nummerierung verläuft spiralförmig im Uhrzeigersinn von innen nach außen. Auf den Straßenschildern steht auch immer die Nummer des jeweiligen Bezirks.

Das simple Wörtchen Bonjour ist in Paris die Basis eines höflichen Miteinanders und öffnet Ihnen sämtliche Türen. Es sollte eigentlich immer das erste Wort sein, mit dem Sie jemanden ansprechen. Wenn Sie ein Restaurant betreten, sollten Sie auf den Ober warten, der Sie zu Ihrem Tisch bringt – alles andere wird als unhöflich empfunden.

MUSEEN

Paris ist ein Eldorado für Museumsfans. Es gibt hier eine Reihe fantastischer, renommierter Museen, von denen die meisten staatlich sind (*Musée national*) und dem Kulturministerium (Ministère de la Culture) unterstehen. Einige Museen sind in Händen der Stadt Paris und heißen deshalb Musée de la Ville de Paris. Die kleineren Museen sind häufig in Besitz von Stiftungen oder gar Privatpersonen. Bitte beachten Sie, dass die Öffnungszeiten sehr unterschiedlich sind: Manche Museen haben montags geschlossen, manche dienstags – dahinter lässt sich kein System entdecken. Der Paris Museum Pass gewährt freien Eintritt zu mehr als 60 Sehenswürdigkeiten. Ein 2-Tage-Pass kostet 42 Euro, ein 4-Tage-Pass 56 Euro, ein 6-Tage-Pass 69 Euro. Leider gilt dieser Pass meist nicht für Sonderausstellungen. Erhältlich ist der Pass an den Kassen der teilnehmenden Museen und Sehenswürdigkeiten sowie beim Pariser Tourismusbüro (25, Rue des Pyramides). Nähere Infos unter: *www.parismuseumpass.com*. Wer ungern ansteht, kann versuchen, die Eintrittskarten online zu kaufen. Meistens wird man dann über einen separaten Eingang hineingelassen. Für EU-Bürger unter 26 Jahren ist der Eintritt in vielen Museen frei (bei Vorlage eines gültigen Personalausweises). Rabatte gibt es in vielen Museen für Behinderte und über 60-Jährige, und einige Museen bieten freien Zugang am ersten Sonntag im Monat.

FRANZÖSISCHE (ESS-)GEWOHNHEITEN

Essen ist den Franzosen sehr wichtig, und sie reden auch gerne darüber. Es ist daher keineswegs ungewöhnlich, dass beim Essen lange darüber palavert wird, was sich auf den Tellern befindet und wie es wohl zubereitet wurde.

Das Augenmerk liegt auf zwei Mahlzeiten: *le déjeuner* (Mittagessen) und *le dîner* (Abendessen). Das *petit déjeuner* (Frühstück) ist meist ziemlich schlicht: eine Tasse Kaffee, Tee oder warme Schokolade, ein Stück Baguette mit Marmelade oder ein Croissant. Gefrühstückt wird oft schnell in einem der vielen Cafés, die meist schon frühmorgens geöffnet sind. Viele genießen ihren Kaffee und das Croissant im Stehen an der Bar. Das mag zwar wenig gemütlich wirken, ist aber deutlich billiger.

In der Mittagspause essen Franzosen gerne außer Haus. Viele Arbeitnehmer erhalten von ihren Arbeitgebern sogar Restaurantgutscheine. Die Mittagspause wird oft für Dienstbesprechungen genutzt, daher sind Restaurants zwischen 12.30 und 14.30 Uhr häufig ausgebucht. Traditionell besteht ein französisches Mittagessen aus einem Drei-Gänge-Menü, aber häufig wird auch nur eine Vorspeise (*entrée*) oder ein Hauptgericht (*plat*) gewählt. Oft ist ein Menü günstiger als Essen à la carte.

Viele Pariser arbeiten bis in den frühen Abend hinein und essen abends nur selten vor 20 Uhr. Die Restaurants sind auch erst ab etwa 19.30 Uhr wieder geöffnet. Pariser gehen abends gerne essen, an Wochenenden allerdings oft erst nach 21 Uhr, daher sind gute Restaurants auch nach Feierabend häufig voll. Es empfiehlt sich daher, frühzeitig einen Tisch zu reservieren. Trinkgelder werden in Restaurants oder Cafés in der Regel nicht gegeben.

Die Geschäfte sind meist durchgehend von 10 Uhr bis 19.30 Uhr geöffnet, kleinere und manche Supermärkte machen Mittagspause von 12 bis 15 Uhr. Viele Lebensmittelgeschäfte und -märkte sind am Sonntagvormittag geöffnet, dafür montags nicht.

Ideal, um den Kleiderschrank neu zu bestücken, ist der Schlussverkauf, der zweimal im Jahr stattfindet. Die genauen Termine finden Sie im Internet. Bitte beachten: Viele Restaurants, Cafés und Läden (Bäcker und Metzger) haben im August oft den ganzen Monat über Betriebsferien.

GESETZLICHE FEIERTAGE

Neben den beweglichen Feiertagen Ostern, Pfingsten und Christi Himmelfahrt hat Frankreich noch die folgenden gesetzlichen Feiertage:

1. Januar	Neujahr
1. Mai	Tag der Arbeit
8. Mai	Tag des Sieges (Gedenktag 2. Weltkrieg)
14. Juli	Nationalfeiertag (*Quatorze Juillet*)
15. August	Mariä Himmelfahrt
1. November	Allerheiligen
11. November	Gedenktag zum Ende des 1. Weltkriegs (1918)
25. Dezember	Weihnachten

Am 21. Juni, dem Abend des Sommeranfangs, feiert Paris die Fête de la Musique. Dann wird auf den Straßen, in Cafés und Bars, in Musiksälen, zu Hause Musik gespielt und gehört. Und jeder darf mitmachen. In den Straßen wird getanzt und getrunken.

Am Abend des 13. Juli findet die Fête des Pompiers statt. In den Feuerwachen wird dann bis in den Morgen des *quatorze juillet* hinein getanzt. Am 14. Juli selbst gibt es überall in der Stadt Festivitäten. Eine ausführliche Programmübersicht bekommen Sie unter *www.parisinfo.com*.

HABEN SIE NOCH TIPPS?

Wir haben diesen Reiseführer mit großer Sorgfalt zusammengestellt. Da das Angebot an Geschäften und Restaurants in Paris jedoch regelmäßig wechselt, kann es sein, dass eine Empfehlung nicht mehr existiert. Besuchen Sie in diesem Fall oder wenn Sie andere Anmerkungen oder Fragen zu diesem 100% Cityguide haben, unsere Webseite *www.100travel.de/paris* oder schreiben Sie uns an *info@momedia.com*. Wir freuen uns über Ihre Hinweise, neue Tipps und natürlich auch Fotos. Posten Sie diese gerne auf unserer facebook fanpage: *facebook.com/100travel*.

Last but not least möchten wir noch bemerken, dass keine der vorgestellten Adressen für ihre Erwähnung bezahlt hat, weder für den Text noch für die Fotos. Alle Texte wurden von einer unabhängigen Redaktion geschrieben.

Hotels

Neben den bekannten Hotelketten gibt es in Paris auch viele unabhängige, originelle Hotels. Wie in jeder Stadt können Sie hier so teuer und luxuriös übernachten, wie Sie möchten. Nachfolgend haben wir gute Übernachtungsmöglichkeiten für jedes Budget zusammengestellt. Da das Frühstück in den Hotels meist nur aus einer Tasse Kaffee oder Tee und einem Stück Baguette mit Marmelade besteht, ziehen viele es vor, beim Bäcker oder im Café um die Ecke zu frühstücken. Die Buchstaben der jeweiligen Hotels finden Sie auf der Übersichtskarte vorne im 100% Cityguide wieder. Unter *www.100travel.de*, *www.france-hotel-guide.com* und *www.hotels-paris.fr* finden Sie zahlreiche andere Adressen.

GÜNSTIGE PREISKLASSE

(A) Im modernen **Hôtel Eldorado** im Montmartre sind alle 33 Zimmer unterschiedlich, aber gleichermaßen farbenfroh und originell eingerichtet. Die Lage des Hotels zwischen Batignolles und Montmartre ist nahezu perfekt, in der Nähe warten einige gute Brunchlokale und Ausgehmöglichkeiten. Das Haus ist bei Reisenden aus aller Welt beliebt, die sich im schönen Innenhof oder im Restaurant Bistrot des Dames nebenan begegnen.
18, rue des dames, 17. arr., www.eldoradohotel.fr, telefon: 01 45223521, preis: ab 65 €, u-bahn: place de clichy

(B) Das **Caulaincourt Square Hostel** erreichen Sie über eine lange Treppe, es liegt direkt neben der Rue Coulaincourt an einem Platz mit einer riesigen Terrasse. Das Haus verfügt über kleine, farbenfroh eingerichtete Zwei- und Dreibettzimmer sowie *dortoirs* – Mehrbettzimmer, in denen man ein Bett reservieren kann. Tipp für Frauen: Es gibt auch reine Frauen-*dortoirs*. In der näheren Umgebung finden Sie zahlreiche Restaurants, Straßencafés und nette Läden, die immer beliebter werden. Wenige Schritte bringen Sie in das Herz von Montmartre – mit der Place Dalida, Sacré-Cœur und der Place du Tertre.
square coulaincourt, 18. arr., caulaincourt.com, telefon: 01 46064606, preis: bett im schlafsaal mit 6 betten ab 27 €, doppelzimmer ab 72 €, u-bahn: lamarck caulaincourt

1 0 0 % P A R I S

1. BATIGNOLLES & MONTMARTRE
Wer ein Viertel mit stillen Plätzen und zahlreichen Brunchcafés sucht, ist in Batignolles richtig. In Montmartre mit seinen verwinkelten Straßen stößt man auf Sacré-Cœur, originelle Boutiquen und eine lebendige Kulturszene. Hier wird Kreativität großgeschrieben.

2. QUARTIER DES MARTYRS, GRANDS BOULEVARDS, LOUVRE & MADELEINE
Klassische Architektur und ruhige Plätze prägen die Gegend rund um die Rue des Martyrs. Shopaholics kommen in den schönen überdachten Einkaufs-passagen und in den großen Kaufhäusern an den Grands Boulevards auf ihre Kosten. Die Gegend um La Madeleine ist ein Paradies für Feinschmecker.

3. LES HALLES & LE MARAIS
Das Forum des Halles und das Centre Pompidou sorgen für Betriebsamkeit an der Rive Droite. Das Marais strahlt mit seinen schönen Häusern und engen Gassen, Bistros und Geschäften ein besonderes Flair aus. Auch findet man hier zahlreiche kleine Museen.

4. NOTRE-DAME, QUARTIER LATIN & SAINT-GERMAIN-DES-PRÉS
Die Île de la Cité mit der Kathedrale Notre-Dame ist die Wiege der Stadt. Im Quartier Latin (Rive Gauche) sorgt die Sorbonne-Universität für Betriebsamkeit. Ruhe findet man im Jardin des Plantes und Jardin du Luxembourg, während Saint-Germain-des-Prés mit schicken Läden, Galerien und Lokalen aufwartet.

5. EIFFELTURM, INVALIDES & CHAMPS-ÉLYSÉES
Historische Gebäude, Denkmäler und sehenswerte Museen prägen das Bild dieses Stadtteils an der Seine. Die Ufer zwischen Eiffelturm und Musée d'Orsay sind ein einziges großes Erholungsgebiet. Auf der Anhöhe am Ende der langen Einkaufsmeile Champs-Élysées thront der Triumphbogen.

6. BELLEVILLE, CANAL SAINT-MARTIN & MÉNILMONTANT
Das einstige Arbeiterviertel Belleville ist geprägt von Cafés und Geschäften. Beliebt sind auch die Parks Buttes Chaumont und Belleville. Das Viertel Canal Saint-Martin ist zum Hotspot der alternativen Szene avanciert. Ménilmontant ist ein Viertel mit urigen Kneipen und dem berühmten Friedhof Père Lachaise.

1 0 0 % P A R I S

In Paris gibt es so viel zu sehen und zu erleben – doch wo fängt man am besten an? Natürlich müssen Sie den Eiffelturm, Notre-Dame und den Louvre besuchen, im Marais shoppen, in Montmartre die Zeit anhalten, am Wochenende brunchen gehen, an der Seine oder am Canal Saint-Martin entlangflanieren, die schönen Parks mit dem Rad durchqueren oder in einem der vielen Straßencafés ein Glas Wein trinken. 100% Paris zeigt Ihnen, was Sie auf keinen Fall verpassen sollten. Sightseeing & Shopping, Ausgehen & Abenteuer – die übersichtlichen Stadtpläne weisen Ihnen den Weg.

AUF 6 SPAZIERGÄNGEN 100% PARIS ERLEBEN!

(c) Das **Hôtel Chopin** in der Passage Jouffroy stammt aus dem Jahr 1846 – heute stehen beide, Hotel und Passage, unter Denkmalschutz. Die 39 Zimmer sind schlicht, aber klassisch-romantisch eingerichtet, wie man es in Paris erwartet. Das Haus befindet sich in zentraler Lage im 9. Bezirk, unweit der Oper, der Grands Magasins und des Jardin du Palais Royal. Gleich um die Ecke befindet sich das Restaurant Bouillon Chartier.

10, boulevard montmartre, 46, passage jouffroy, 9. arr., www.hotelchopin.fr, telefon: 01 47705810, preis: ab 84 €, u-bahn: grands boulevards

(D) Das Hotel **Mama Shelter** bietet auf sieben Stockwerken 172 hochmoderne Zimmer, eine Dachterrasse und im Erdgeschoss unter anderem ein Restaurant, eine Lounge und eine Bar mit Terrasse, eine Bibliothek, einen *table d'hôtes* (Gästetisch) XXL und ein Spielzimmer. Das Hotel liegt etwas außerhalb des Zentrums in einer einfachen Gegend, unweit des Friedhofs Père Lachaise.
109, rue de bagnolet, 20. arr., www.mamashelter.com, telefon: 01 43484848, preis: ab 89 €, u-bahn: porte de bagnolet

MITTLERE PREISKLASSE

(E) Die Eigentümer wollten ein einfaches, ökologisch ausgerichtetes Hotel eröffnen, und das ist ihnen mit dem **Hi Matic** wunderbar gelungen. Hier checkt man als Gast selbst ein und bekommt seinen Zimmerschlüssel von einer Maschine ausgehändigt. Die kleinen Zimmer sind mit Holzmöbeln ausgestattet, die Wände knallig-bunt gestrichen. Das Bett lässt sich praktischerweise an die Wand klappen, so gewinnt man Platz. Das schlichte Frühstück ist zu 100 % bio. Hi Matic befindet sich im Stadtteil La Bastille, nahe des Friedhofs Père-Lachaise.
71, rue de charonne, 11. arr., www.hi-matic.net, telefon: 01 43675656, preis: ab 109 €, u-bahn: ledru rollin oder charonne

(F) Der romantische Innenhof, die ruhige Terrasse, die klassisch eingerichteten Zimmer und das professionelle Personal haben das stimmungsvolle **Hôtel des Grandes Écoles** zu einer beliebten Adresse im Quartier Latin gemacht. Gemütliche Cafés und Restaurants befinden sich in direkter Nähe an der Place de la Contrescarpe und in der belebten Rue Mouffetard. Auch die Mosquée de Paris – mit einem lohnenden Hamam – liegt nur einen Katzensprung entfernt.
75, rue du cardinal lemoine, 5. arr., www.hotel-grandes-ecoles.com, telefon: 01 43267923, preis: ab 130 €, u-bahn: cardinal lemoine oder place monge

(G) Das originelle **The Five Hotel**, das unweit der Rue Mouffetard und dem Jardin des Plantes liegt, ist der ideale Ort für ein romantisches Wochenende. Wie wäre es etwa mit dem Glimmering Romantic Room mit stimmungsvoller Beleuchtung oder dem Canopy mit Rosenblättern auf der Bettdecke? Wem das noch nicht genug ist, der bucht das Zimmer mit Whirlpool ... auf der Terrasse! Das opulente Frühstück wird Ihnen auf dem Zimmer serviert.
3, rue flatters, 5. arr., www.thefivehotel.com, telefon: 01 43317421, preis: ab 145 €, u-bahn: les gobelins

(H) Wo einst Schneider ihrer Arbeit nachgingen, öffnete jüngst das **Hôtel Edgar** seine Türen. Im Norden des Stadtteils Marais ruhig gelegen, verfügt das Haus über 13 Zimmer, die von Künstlern in unterschiedlichen Stilen eingerichtet wurden. Wer sich für La Cabane de nos grands parents entscheidet, wohnt in einem Mobiliar aus Großmutters Zeit, während im Zimmer Ebene Rock alles schwarz ist, sogar die Wände, der Fußboden und der Bettüberzug. Pariser treffen sich gern im hauseigenen Restaurant zu einem Cocktail oder einem Aperitif. Probieren Sie unbedingt einen der Cocktailspezialitäten wie zum Beispiel Parisienne. Brunchen kann man an Wochenenden von 12 bis 15.30 Uhr.
31, rue d'alexandrie, 2. arr., www.edgarhotel.com, telefon: 01 40410569, preis: ab 155 €, u-bahn: sentier oder bonne nouvelle

GEHOBENE PREISKLASSE

(I) Das **Hotel Amour** verfügt über 24 unterschiedlich gestaltete Zimmer, von denen einige von den Künstlern Sophie Calle und Pierre Le-Tan eingerichtet wurden. Auffallend sind besonders schöne Details wie etwa hübsche Wandbemalungen oder bunte Teppiche. Gelegen ist das Haus im 9. Bezirk an der pulsierenden Rue des Martyrs, an der sich zahlreiche nette Läden und Lokale befinden. Der Name des Hotels ist eine Hommage an die Vergangenheit, als die Gegend hinter Pigalle noch ein Rotlichtviertel war.
8, rue navarin, 9. arr., www.hotelamourparis.fr, telefon: 01 48783180, preis: ab 170 €, u-bahn: pigalle oder saint-georges

(J) Aufgrund seiner Lage am Canal Saint-Martin bieten alle Zimmer des **Citizen Hotel** einen herrlichen Ausblick auf das Wasser. Seinen heutigen modernen Look mit viel Holz und Licht verdankt das Haus dem Architekten Christophe Delcourt. Allerdings hinterließ er "Lücken", deren Gestaltung er den Gästen überlässt. So sind die Zimmer mit Sitzkissen ausgestattet, aus denen man zum Beispiel Sitzecken bilden kann. Und für die Frühstücksecke stehen verschiedene Hocker zur Auswahl. In den Zimmern ist eine Art "Holzhaus" untergebracht, in dem sich das geräumige Badezimmer befindet. Angenehm: Das üppige Frühstück ist im Preis inbegriffen.
96, quai de jemmapes, 10. arr., www.lecitizenhotel.com, telefon: 01 83625550, preis: ab 189 €, u-bahn: jacques bonsergent, république oder goncourt

ⓚ Das **Hotel Particulier Montmartre** befindet sich in einer wunderschönen weißen Stadtvilla in einer Seitenstraße der Avenue Junot. Das Hotel mit seinem herrlichen Garten stellt außen wie innen eine erholsame Oase der Ruhe dar und verfügt über fünf außergewöhnlich schöne und komfortable Suiten, die unterschiedlich eingerichtet sind. Weitere Vorzüge des Hauses sind eine kleine Bar, in der man besondere Cocktails gereicht bekommt, ein kleines Restaurant sowie eine wunderbare Frühstücks- und Brunch-Terrasse. *23, avenue junot, pavillon d, 18. arr., www.hotel-particulier-montmartre.com, telefon: 01 53418140, preis: ab 350 €, u-bahn: lamarck caulaincourt*

Unterwegs

Paris wird nicht nur Lichterstadt genannt, sondern auch **Auto**-Stadt. Um die Verkehrsströme etwas einzudämmen, hat die Stadt ein zuverlässiges öffentliches Verkehrsnetz aus U-Bahnen (Metro), Schnellbahnen (RER) und Bussen aufgebaut. Für alle Verkehrsmittel gelten dieselben Fahrkarten, die an den Schaltern oder Automaten in den U-Bahn-Stationen und RER-Bahnhöfen und den Bushaltestellen des Betreibers RATP erhältlich sind. Eine Einzelfahrkarte kostet 1,70 Euro. Günstiger ist eine Zehnerkarte (*carnet de dix*) für 13,70 Euro (für Kinder von vier bis zehn Jahren 6,85 Euro).

Die **U-Bahn** (Metro) verkehrt täglich von 5.20 bis 1.20 Uhr, samstags sogar bis 2.20 Uhr. Sonntags fahren die U-Bahnen nicht ganz so häufig. Die Fahrkarten gelten immer nur für eine Fahrt. Umsteigen ist erlaubt, solange man den U-Bahn-Bereich nicht verlässt. Der **RER** ist eine Schnellbahn zwischen Innenstadt und Vororten, fährt aber auch innerhalb der Innenstadt. Der RER hält nicht so oft wie die normale U-Bahn und ist daher eher für längere Strecken geeignet. Er fährt täglich zwischen 4.45 und 1.30 Uhr. Die vielen Busse ermöglichen es, in jeden Winkel der Stadt zu gelangen.

Paris ist mittlerweile auch zur **Fahrrad**-Stadt geworden. Weniger Autos, mehr Platz für Fußgänger und Radler, lautet die Maxime. Den Worten sind Taten gefolgt, und seit einigen Jahren existiert in Paris das sogenannte Vélib, ein inzwischen sehr beliebtes Leihsystem mit mehr als 10.000 Fahrrädern und 800 Leihstationen (*www.velib.paris.fr*). Mit einer Kreditkarte kann man ein Fahrrad für einen Tag mieten. Die Ausleihgebühr beträgt zunächst 1,70 Euro, die erste halbe Stunde ist gratis. Wer das Fahrrad länger ausleihen will, bezahlt für die zweite halbe Stunde 1 Euro, für die dritte 2 Euro und für die vierte schließlich 4 Euro je halbe Stunde. Kleiner Tipp: Erst die Kreditkarte zücken, wenn Sie das Fahrrad inspiziert haben und es keinen Platten hat. Die Räder mit einem Platten erkennen Sie in der Regel an dem umgedrehten Sattel. Paris verfügt mittlerweile über 400 Kilometer Radwege. Sonntags sind viele Wege entlang dem Canal Saint-Martin für den Autoverkehr gesperrt und den Radlern, Skatern und Spaziergängern überlassen. Auch das Verkehrsunternehmen RATP vermietet Fahrräder (Maison Roue Libre) an verschiedenen Stellen in der Stadt. Gleiches gilt für zahlreiche Fahrradgeschäfte, die teils auch interessante Angebote haben.

Immer öfter werden in Paris auch geführte Fahrrradtouren durch die Stadt angeboten, zum Beispiel von Paris by Bike. Da nicht alle Führungen in deutscher Sprache stattfinden, empfiehlt es sich, sich vorab auf der Website des Anbieters zu informieren (*www.parisbiketour.net/de*).

Die **Taxi**-Preise in Paris sind ziemlich moderat, und es ist auch kein großes Problem, eines der etwa 15.000 Taxis in der Stadt unterwegs anzuhalten, vorausgesetzt, es befindet sich mindestens 50 Meter von einem Taxistand entfernt. Ein Taxi ist verfügbar, wenn das Taxischild und das Licht unter dem Taxischild leuchten. Ist das Licht zwar an, das Schild jedoch nicht, dann ist das Taxi bereits belegt. Taxis lassen sich auch telefonisch bestellen: Taxis G7, Tel. 01 41 27 66 99; Taxis Bleus, Tel. 08 91 70 10 10.

Batignolles & Montmartre

Yuppies, Kiezkultur, Romantik und Nostalgie

Batignolles ist ein aufstrebender Stadtteil, in dem sich immer mehr junge Familien, vor allem aus den höheren Schichten, niederlassen. Sie treffen sich in den hippen Restaurants und Cafés, die wie Pilze aus dem Boden schießen. Am aufregendsten ist Batignolles zwischen der Markthalle und dem schönen Park, einem Abschnitt mit vielen Cafés und Läden. In der Nähe des Parks finden regelmäßig Aktivitäten statt, zum Beispiel Antikmärkte oder ein Kinderzirkus.

Die *butte* (Hügel) von Montmartre im 18. Arrondissement überragt das ganze Viertel, das vor 100 Jahren noch ein eigenständiges Dorf war. Ende des 19. Jahrhunderts ließen sich hier Künstler wie Cézanne, van Gogh, Renoir und – nicht zu vergessen – Toulouse-Lautrec nieder. Letzterer hielt das Theaterleben der Belle Époque in seinen Zeichnungen fest. Auch heute noch zieht die Gegend, in der sich zahlreiche Kunstmaler, Fotografen, Regisseure und Journalisten niedergelassen haben, unvermindert Kreative aus ganz Paris an. Wer diesen Hügel für sich entdecken möchte, der muss Treppen steigen und schmale

Gassen durchqueren. Aber es lohnt sich, denn vom höchsten Punkt der Stadt aus, bei Sacré-Cœur, ist der Blick auf Paris einfach umwerfend.

Die vielen Geschäfte und Cafés haben Montmartre in ein gemütliches Viertel verwandelt. An der Place des Abbesses, dem nicht-touristischen Herzen des Stadtteils, sind es die vielen Straßenmusiker, die zur besonderen Atmosphäre beitragen, in der Avenue Junot auch die schöne Architektur. Die Bewohner kennen sich, es ist hier manchmal wie in einem Dorf. Sie veranstalten Feste wie die Fête des Vendanges, die Besuchern einen Einblick in die lokale Kultur von Montmartre gewährt.

Montmartre ist auch bekannt für sein Nachtleben. In der Nähe von Moulin Rouge und Place Pigalle gibt es zwischen all den Nachtclubs und Sexshops auch einige interessante Lokale, in denen man einen schönen Abend verbringen kann.

6 Insider-Tipps

Le BAL

Eine Foto- oder Filmausstellung bei einer Tasse Kaffee bestaunen.

L'Éte en Pente Douce

Die Ruhe auf einer bunten Terrasse genießen.

Sacré-Cœur

Von den Treppen aus über die Dächer von Paris blicken.

Le mur des je t'aime

'Ich liebe dich' in 311 Sprachen studieren.

Café des 2 Moulins

Wie Amélie eine Crème brûlée genießen.

L'Atelier

Maßgefertigte Schuhe kaufen.

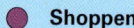 **Sehenswürdigkeiten**

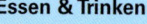 **Essen & Trinken**

Shoppen

 Paris live

Sehenswürdigkeiten

(6) Der berühmte **Cimetière de Montmartre** wurde 1825 eröffnet. Auf diesem schönen Friedhof liegen viele bekannte Persönlichkeiten wie Emile Zola, Heinrich Heine, Edgar Degas und Dalida. Ein faszinierender und ruhiger Ort, an dem man den Touristenscharen um die Kirche Sacré-Cœur für einen kurzen Moment entfliehen kann.
20, avenue rachel, 18. arr., telefon: 01 53423630, geöffnet: 6. nov.-15. märz mo-fr 8.30-17.30, so 9.00-17.30, 16. märz-5. nov. mo-fr 8.30-18.00, sa 8.30-17.30, so 9.00-18.00, eintritt: frei, u-bahn: place de clichy

(13) Die schöne Sackgasse **Villa Léandre** fällt unweigerlich auf, weil es die im englischen Baustil errichteten Backsteinhäuschen sonst nirgends in Paris gibt. Einst hieß die Gasse Villa Junot, später erhielt sie nach dem Komiker Léandre ihren heutigen Namen.
villa léandre, 18. arr., u-bahn: lamarck caulaincourt

(15) Die **Place Dalida**, der etwas versteckt hinter dem Château des Brouillards liegt, wurde nach der Chansonnière Dalida benannt – eine Skulptur auf dem Platz erinnert an sie. In Frankreich, aber vor allem in Montmartre, wo sie lange lebte und starb, wird sie nach wie vor verehrt. Ihre Chansons laufen auch noch häufig im Radio. Der Friedhof von Montmartre wurde ihre letzte Ruhestätte.
place dalida, 18. arr., u-bahn: abbesses oder lamarck caulaincourt

(17) Vor 2000 Jahren pflanzten die Römer die ersten Rebstöcke in Paris. Damals war die Weinproduktion noch ein profitables Geschäft. Im 18. Jahrhundert wurde die Qualität zugunsten der Quantität immer mehr vernachlässigt. Heute besteht das **Clos Montmartre** aus nur noch 2000 Rebstöcken. Wer eine der wenigen Flaschen Clos de Montmartre sein Eigen nennen darf, sollte sie gut aufbewahren – ein Grand Cru ist dieser Wein allerdings nicht!
ecke rue des saules und rue saint-vincent, 18. arr., u-bahn: lamarck caulaincourt

(18) Das **Musée de Montmartre** beherbergt die Sammlung der 1886 gegründeten Vereinigung "Das alte Montmartre" und verschafft Besuchern einen guten Einblick in die künstlerische, politische und religiöse Geschichte des Stadtteils. Außerdem gibt es hier den Nachbau eines alten Dorfes zu sehen, eine Sammlung von Clignancourt-Porzellan und wunderschöne alte Plakate aus der Blütezeit von Montmartre.
12-14, rue cortot, 18. arr., www.museedemontmartre.fr, telefon: 01 49258939, geöffnet: täglich sept.-juni 10.00-18.00, juli-aug. 10.00-19.00, eintritt: 9 €, u-bahn: lamarck caulaincourt

(21) Die romanisch-byzantinische Basilika **Sacré-Cœur** wurde zu Ehren des Heiligen Herzens errichtet, um Vergebung für das Blutvergießen während des Deutsch-Französischen Krieges und der anschließenden Commune (der revolutionären Regierung der Stadt) zu erbitten. Dank einer landesweiten Sammelaktion konnte 1876 mit dem Bau begonnen werden. Die Kirche beherbergt kostbare Schätze und bietet einen wunderbaren Blick auf Paris.
35, rue du chevalier de la barre, 18. arr., www.sacre-coeur-montmartre.com, telefon: 01 53418900, geöffnet: täglich 6.00-22.30, eintritt: frei, u-bahn: abbesses

(33) Im 16. Jahrhundert war das Bild Montmartres noch von Windmühlen geprägt, mit denen Getreide gemahlen und Trauben gepresst wurden. Nur wenige dieser Mühlen – wie **Moulin de la Galette** – existieren noch. Im Restaurant, das die Mühle heute beherbergt, kann man gut essen.
83, rue lepic, 18. arr., www.lemoulindelagalette.fr, telefon: 01 46068477, geöffnet: täglich 12.00-23.00, u-bahn: blanche oder abbesses

(34) Der Roman *Le Passe-Muraille* von Marcel Aymé handelt von einem Mann, der durch eine Wand gehen kann. Für seine Skulptur **Passe-Muraille** ließ sich der Künstler Jean Marais von diesem Buch inspirieren.
place marcel aymé, 18. arr., u-bahn: abbesses oder lamarck caulaincourt

SACRÉ-CŒUR ㉑

Essen & Trinken

(2) Brunchen im **Les Puces** ist so beliebt, dass vis-à-vis ein Ableger eröffnet wurde. Das Geheimnis: ein Korb mit Croissants und Marmelade, ein herzhaftes Hauptgericht mit Burgern und/oder Ei und Kaffee, Tee oder frischer Orangensaft obendrein. Und alles auf bunten Tellern serviert. Könnte der Tag schöner beginnen?
102, rue legendre, 17. arr., telefon: 01 42266226, geöffnet: mo-so 12.00-22.30, preis: 18 €, u-bahn: rome oder brochant

(3) Im **Le Club des Cinq** treffen sich die Yuppies aus der Gegend zum Brunchen oder Abendessen. Absoluter Eyecatcher im Lokal ist die bunte Dekoration, bei der sich alles um Comicfiguren dreht. Der Name leitet sich von *The Famous Five* (*Fünf Freunde*) ab, dem Titel der beliebten Kinderbuchreihe der britischen Autorin Enid Blyton, in der vier Kinder und ein Hund mysteriöse Fälle lösen. Unbedingt probieren sollten Sie den Cheese- oder den Lachsburger!
57, rue des batignolles, 17. arr., www.leclubdes5.fr, telefon: 01 53049473, geöffnet: mo-so 19.30-22.30, di-so 12.00-14.30, sa-so 12.00-16.00, preis: 16 €, u-bahn: rome oder brochant

(4) **Les Caves Populaires** ist ein gemütliches Café und eine Anlaufstelle für viele Studenten. Die Gerichte sind einfach, aber gut. Bestellen Sie einen Käseteller mit einem Glas Wein und unterhalten Sie sich mit Ihren Tischnachbarn.
22, rue des dames, 17. arr., telefon: 01 53040832, geöffnet: mo-sa 8.00-2.00, so 11.00-2.00, preis: 10 €, u-bahn: rome oder place de clichy

(7) Das Restaurant des Terrass Hotels, **The 7th**, lädt von April bis September auf der Dachterrasse zu einem romantischen Essen ein. Hier ist die Aussicht einfach spektakulär. Abends krönen die Lichter des Eiffelturms das wunderbare Ambiente. Ob Mittagessen, einen Cocktail am Abend oder ein Glas Wein mit einer Käseplatte – hier bekommen Sie alles.
12-14, rue joseph de maistre, 18. arr., www.terrass-hotel.com, telefon: 01 46067285, geöffnet: nach reservierung täglich lunch 12.00- 5.00, dinner 18.00-23.00, preis: 20 €, u-bahn: blanche oder abbesses

MARCEL (14)

(9) Das **Café des 2 Moulins** ist seit dem erfolgreichen Kinofilm *Die fabelhafte Welt der Amélie* noch beliebter geworden. Gönnen Sie sich auf der Terrasse eine Crème brûlée d'Amélie und eine Tasse Kaffee.
15, rue lepic, 18. arr., telefon: 01 42549050, geöffnet: täglich 7.30-1.00, preis: mittagsmenü 15 €, u-bahn: blanche

(14) **Marcel** ist ein Café in einem Eckhaus in der schönen Gasse Villa Léandre. Auf der Speisekarte stehen vor allem britische und amerikanische Gerichte. Bei hippen Parisern steht das kleine, etwas düstere Restaurant im New-York-Style hoch im Kurs. Sogar so sehr, dass im 7. Bezirk ein Ableger eröffnet wurde.
1, villa leandre, 18. arr., www.restaurantmarcel.fr, telefon: 01 46060404, geöffnet: mo-fr 10.00-23.00, sa-so 10.00-19.00, preis: 23 €, u-bahn: lamarck caulaincourt

⑲ SOUL KITCHEN

⑲ Ob hausgemachte Muffins, ein Stück Käsekuchen oder eine köstliche Suppe – im **Soul Kitchen** werden nur biologische Zutaten verwendet. Morgens um 11 Uhr wird das jeweilige Tagesgericht an die Tafel am Eingang geschrieben – immer eine Überraschung, denn die Köchin entscheidet in der Regel sehr spontan. Was auch immer auf den Tisch kommt, gesund ist es – und nicht teuer. Sie können auch mexikanischen Kakao bestellen oder ein Spiel aus dem Regal nehmen und den ganzen Nachmittag hier zubringen. *33, rue lamarck, 18. arr., www.facebook.com/soulkitchenparis, telefon: 01 71379995, geöffnet: di-fr 8.30-19.00, sa-so 10.00-19.00, preis: 12 €, u-bahn: lamarck caulaincourt*

㉒ Wer die Treppe von Sacré-Cœur hinabsteigt, entdeckt hinter den Bäumen plötzlich eine Terrasse mit bunten Tischen. Das **L'Été en Pente Douce** ist ein toller, von Touristen kaum besuchter Ort, der sich für eine Verschnaufpause bestens eignet.
23, rue muller, 18. arr., telefon: 01 42640267, geöffnet: täglich 12.00-0.00, preis: 12-20 €, u-bahn: anvers

㉕ Die retro-industrielle Rock-'n'-Roll-Bar **La Fourmi** ist bekannt dafür, dass sich hier Bands vor ihrem Auftritt warmspielen. Auch nach den Konzerten ist es oft ziemlich voll, vor allem mit Menschen, die nur etwas trinken möchten. Kleine Gerichte gibt es aber auch, zum Beispiel Sandwiches und Salate. Die Flyer, die an der Bar ausliegen, informieren darüber, was im Viertel alles ansteht.
74, rue des martyrs, 18. arr., telefon: 01 42647035, geöffnet: so-do 8.00-2.00, fr-sa 8.00-4.00, u-bahn: pigalle

㉚ Boulangerie, Patisserie und Restaurant zugleich: Das **Coquelicot** hat zu jeder Tageszeit etwas zu bieten. Ideal für einen Brunch, ein Mittagessen, einen Snack oder um Zutaten für ein köstliches Picknick einzukaufen.
24, rue des abbesses, 18. arr., www.coquelicot-montmartre.com, telefon: 01 45061877, geöffnet: di-so 7.30-20.00, preis: brunch 18 €, u-bahn: abbesses oder pigalle

㉛ Das Restaurant **Aloy Aloy** wird von einem französisch-thailändischen Ehepaar betrieben, die Familienfotos an den Wänden vermitteln eine häusliche Atmosphäre. Ihr *bun bo* ist in Paris fast nicht zu toppen, kein Wunder, dass sie für dieses Gericht sogar eine Auszeichnung erhalten haben. Wer der Straße hinab folgt, findet noch mehr gute Lokale.
61, rue des trois frères, 18. arr., telefon: 01 42558977, geöffnet: di-fr 19.30-23.00, sa-so 12.00-13.30 & 19.30-23.00, preis: 15 €, u-bahn: abbesses

㉜ Das schicke **Coq Rico** eroberte die Herzen der Pariser im Sturm. Der Name ist übrigens Programm, denn auf der Karte finden sich nur Geflügelgerichte. Unbedingt kosten sollten Sie die fantastische Hühnersuppe, die französische Hühnerleber oder – mit Freunden – den *coq rôti*, das Ofenhähnchen.
98, rue lepic, 18. arr., www.lecoqrico.com, telefon: 01 42598289, geöffnet: täglich 12.00-13.30 & 19.00-23.00, preis: 65 €, u-bahn: abbesses

Shoppen

① In der Markthalle **Le Marché des Batignolles** werden überwiegend französische Produkte angeboten, und das in Hülle und Fülle: Gemüse, Käse, Fleisch, Fisch … Interessant ist auch der Stand mit iranischen Waren in der Hallenmitte. Lassen Sie sich die Oliven-Feigen-Tapenade nicht entgehen – himmlisch.
96, bis rue lemercier, 17. arr., telefon: 01 48859330, geöffnet: di-fr 8.30-13.00 & 15.30-20.00, sa 8.30-20.00, so 8.30-14.00, u-bahn: brochant

⑧ **Tombées du Camion** – "vom Laster gefallen" – ist ein Kuriositätenkabinett, in dem es teils unbenutzte, alte und nostalgische Sachen gibt: Billardkugeln, Puppenaugen, Anstecker, Kräutersäckchen, Blechdosen, Schmuck und vieles mehr – alles aus den Dreißigern und Vierzigern. Kisten voll mit fein säuberlich sortierten Raritäten machen diesen kleinen Laden zu einer einzigartigen Fundgrube für Entdecker.
17, rue joseph de maistre, 18. arr., www.tombeesducamion.com, telefon: 09 81216280, geöffnet: täglich 13.00-20.00, u-bahn: abbesses oder blanche

⑪ **L'Atelier** ist die Adresse für maßgefertigte Schuhe. Erst wählt man das Modell, dann die Farbe und zum Schluss das Leder. Unterstützt wird man dabei von zwei Brüdern, die die Schuhe unterhalb des Ladens im Atelier anfertigen, dessen Boden mit Lederverschnitt in allen möglichen Farben übersät ist. Nach drei Wochen erhalten Sie Ihre Unikate.
58, rue lepic, 18. arr., www.chaussures-latelier.com, telefon. 01 42239661, geöffnet: di-fr 11.00-13.00 & 15.15-19.15, sa 11.00-13.00 & 15.15-18.30, u-bahn: abbesses oder blanche

⑫ Die bunte Kollektion, die **Orpiment** führt, besteht ausschließlich aus Kleidungsstücken und Accessoires, die der Inhaberin gefallen. Ob Hüte, Handtaschen, Kleider, Schals, Schmuck oder Handschuhe – alles wurde mit viel Liebe zusammengetragen.
46, rue coulaincourt, 18. arr., telefon: 01 42546729, geöffnet: di & do-sa 11.30-20.00, mi 17.00-20.00, u-bahn: place de clichy

peep-toe

Richelieu

escarpin

MOCASSIN

bottine

Shoes

L'ATELIER ⑪

(24) Der **Marché Saint-Pierre** ist der bekannteste Markt für Stoffe. Schauen Sie mal bei Dreyfus Déballage vorbei und staunen Sie über die enorme Auswahl. Oder gegenüber bei Tissus Reine an der Place Saint-Pierre. Die "Models", die hier übrigens auch wohnen, zeigen die neuesten Trends.
2, rue charles nodier, 18. arr., www.marchesaintpierre.com, telefon: 01 46069225, geöffnet: mo-fr 10.00-18.30, sa 10.00-19.00, u-bahn: anvers

(26) Welche Frau kann der Verlockung der farbenfrohen, sehr femininen Kleider von **Héroines** widerstehen? Das Besondere: Es gibt auch kleine Kleidergrößen und Kleider, mit denen man bestimmt auf jeder Party auffällt. Allein die Accessoires lohnen bereits den Besuch: Ledergürtel in allen Farben, Schuhe und Manschettenknöpfe für Frauen.
7, rue des abbesses, 18. arr., www.boutiques-heroines.com, telefon: 09 67072104, geöffnet: täglich 11.00-20.00, u-bahn: abbesses

(27) In der kleinen Rue la Vieuville gibt es einige nette Geschäfte wie zum Beispiel **Spree**. Neben schönen Retromöbeln werden die neuesten Kollektionen von Modedesignern wie Vanessa Bruno, Isabel Marant oder auch Tsumori Chisato angeboten.
16, rue la vieuville, 18. arr., www.spree.fr, telefon: 01 42234140, geöffnet: di-sa 11.00-19.00, so 15.00-19.00, u-bahn: abbesses

(29) Die **Librairie des Abbesses** von Marie Rose Guarnieri ist der beliebteste Buchladen von Montmartre und eine der letzten Kulturstätten des Viertels, in dem Modegeschäfte das Bild prägen. Hier finden regelmäßig Lesungen und Buchpräsentationen statt.
30, rue yvonne le tac, 18. arr., www.librairiedesabbesses.blogspot.com, telefon: 01 46068430, geöffnet: mo 11.00-20.00, di-fr 9.30-20.00, sa 10.00-20.00, so 12.00-20.00, u-bahn: abbesses

Paris live

(5) Dort, wo sich in den 1920er-Jahren ein Tanzlokal befand, ist heute **LE BAL** angesiedelt, ein Hotspot für Hipster aus dem Viertel. LE BAL ist neben Ausstellungsraum, in dem moderne Fotografen und Videokünstler ihre Werke zeigen, auch ein Laden mit teuren Kunstbänden. In der modern eingerichteten Kaffee-Ecke kann man sich am Wochenende einen feinen englischen Brunch schmecken lassen.
6, impasse de la defense, 18. arr., www.le-bal.fr, telefon: 01 44707551, geöffnet: mi & fr 12.00-20.00, do 12.00-22.00, sa 11.00-20.00, so 11.00-19.00, preis: 5 €, u-bahn: place de clichy

(10) Schauen Sie doch mal im **Cinéma Studio 28** vorbei: Dieses Kino wurde Ende des 19. Jahrhunderts gegründet, und der Kinosaal sieht heute noch so aus wie damals. Künstler wie Jean Cocteau und André Breton gaben hier Vorstellungen. Bei gutem Wetter ist der Innenhof ein echter Geheimtipp.
10, rue tholozé, 18. arr., www.cinemastudio28.com, telefon: 01 46063607, geöffnet: öffnungszeiten je nach programm, preis: 8,50 €, u-bahn: abbesses oder blanche

(16) Was verbirgt sich wohl hinter der rosa Fassade mit den grünen Fensterläden? Abends um neun kann man im **Le Lapin Agile** eine Kabarettvorstellung örtlicher Künstler miterleben. Mit ihren französischen Chansons nehmen sie Sie mit auf eine Reise in das alte Montmartre. Wer französische Musik mag, sollte unbedingt eine Vorstellung besuchen.
22 rue des saules, 18. arr., www.au-lapin-agile.com, telefon: 01 46068587, geöffnet: di-so 21.00-1.00, preis: 28 €, u-bahn: abbesses oder lamarck caulaincourt

(20) Montmartre stand schon immer hoch im Kurs bei Dichtern und Kunstmalern. Vielleicht ist das der Grund, warum die touristische **Place du Tertre** immer von "Künstlern" belagert wird, die Sie porträtieren möchten. Auch die Souvenirläden und Cafés nutzen die besondere Anziehungskraft des Viertels für ihre Zwecke.
place du tertre, 18. arr., u-bahn: abbesses

(23) Die **Halle Saint-Pierre** war im 19. Jahrhundert Handelszentrum für Stoffe. Heute beherbergt diese wunderbare Glas- und Metallkonstruktion das Musée d'Art brut et d'Art singulier. Hier können Sie Ausstellungen besuchen, an einem Workshop teilnehmen oder einfach im Café sitzen und Zeitung lesen. Durchstöbern Sie auch den Buchladen, da gibt es tolle Postkarten.

2, rue ronsard, 18. arr., www.hallesaintpierre.org, telefon: 01 42587289, geöffnet: mo-fr 11.00-18.00, sa 11.00-19.00, so 12.00-18.00, eintritt: galerie frei, wechselausstellung 8 €, u-bahn: anvers

(28) Am Square Jehan Rictus, einem kleinen öffentlichen Garten hinter der Place des Abbesses, entstand im Jahr 2000 **Le mur des je t'aime**, die Mauer der *Ich liebe dich*. Auf dieser steht in 311 Sprachen aus aller Welt "Ich liebe dich!" geschrieben. Die roten Flecken stellen die Einzelteile eines gebrochenen Herzens dar.

place des abbesses, 18. arr., www.lesjetaime.com, geöffnet: mo-fr 8.00-20.30, sa-so 9.00-20.30, u-bahn: abbesses

LE MUR DES JE T'AIME ㉘

Batignolles & Montmartre

SPAZIERGANG 1 (ca. 7,5 km)

Startpunkt ist die U-Bahn-Station Brochant. Von hier geht es in die Rue Brochant, um einen ersten Stopp (1) einzulegen. Links in die Rue Lemercier, die erste Straße rechts und sofort wieder links gehen (2). Rechts in die Rue Legendre abbiegen und dann rechts in die Rue Truffaut. Anschließend links über die Rue Brochant und den Park Richtung Place du Docteur Felix Lobligois gehen. Die Rue Legendre überqueren und geradeaus in die Rue des Batignolles (3). Nach dem Rathaus links der Rue des Dames (4) bis zur Avenue de Clichy folgen. Diese überqueren und auf der anderen Seite nach rechts folgen. Für Kunst und Kaffee (5) einen Abstecher nach links machen. Ansonsten der Avenue folgen und links in die Rue Chapron biegen. Über die Brücke im Friedhof von Montmartre (6) rechts Richtung Rue Joseph de Maistre gehen (7) (8). Der Straße folgen und am Ende rechts zum Café (9) hinuntergehen oder links hinauf zum Filmtheater (10). Zurückgehen und am Ende rechts in der Rue Lepic Schuhe kaufen (11). Die erste Straße links und dann rechts in die Rue Coulaincourt (12). Wieder rechts in die Rue Juste Métivier und dann die Treppe hinauf zur Avenue Junot (13) (14). Am Ende der Rue Simon Dereure links die Treppe hinaufsteigen und am Château des Brouillards vorbei Richtung Place Dalida (15) gehen. Geradeaus in der Rue des Saules gibt es links Kabarett (16) und einen Weinberg (17). Zurückgehen und links der Rue Cortot (18) folgen. Rechts in die Rue Lamarck (19) abbiegen. Dann rechts in die Rue de la Bonne, die Treppen hinauf und rückseitig an Sacré-Cœur vorbei Richtung Place du Tertre (20). Um die Kathedrale (21) herumgehen und den Blick schweifen lassen. Von hier schräg links hinuntergehen, um etwas zu trinken (22). Weiter die Treppe hinuntergehen (23) (24). Geradeaus der Rue Tardieu folgen, dann links in die Rue des Trois Frères und gleich wieder rechts in die Rue d'Orsel. Der Straße bis zur Rue des Martyrs folgen, um links etwas zu trinken und zu essen (25) oder rechts einzukaufen (26) (27). Bis zur Rue de Vieuville spazieren, um links zur Place des Abbesses zu gelangen (28) (29). Den Platz überqueren und in die Rue des Abbesses gehen (30). Rechts in der Rue Ravignan befindet sich am Ende ein Thailänder (31). Mehr Auswahl? Geradeaus gehen, die Treppe hinaufsteigen, den Platz überqueren und links der Rue d'Orchampt folgen. Am Ende rechts die Gasse durchqueren (32) (33) und den Spaziergang in der Rue Norvins (34) abschließen.

1

1. Le Marché des Batignolles
2. Les Puces
3. Le Club des Cinq
4. Les Caves Populaires
5. LE BAL
6. Cimetière de Montmartre
7. The 7th
8. Tombées du Camion
9. Café des 2 Moulins
10. Cinéma Studio 28
11. L'Atelier
12. Orpiment
13. Villa Léandre
14. Marcel
15. Place Dalida
16. Le Lapin Agile
17. Weinberg Clos Montmartre
18. Musée de Montmartre
19. Soul Kitchen
20. Place du Tertre
21. Le Sacré-Cœur
22. L'Été en Pente Douce
23. Halle Saint-Pierre
24. Marché Saint-Pierre
25. La Fourmi
26. Héroïnes
27. Spree
28. Le mur des je t'aime
29. Librairie des Abbesses
30. Coquelicot
31. Aloy Aloy
32. Le Coq Rico
33. Le Moulin de la Galette
34. Passe-Muraille

= Sehenswürdigkeiten
= Essen & Trinken
= Shoppen
= Paris live

Rue des Martyrs, Grands Boulevards & Madeleine

Kunst, Kultur, Galerien und schicke Läden

Die Gegend zwischen Notre-Dame-de-Lorette, Trinité und der Place Pigalle wird auch "das goldene Künstlerdreieck" genannt. In der zweiten Hälfte des 19. Jahrhunderts war dieses Viertel im 9. Bezirk bei Künstlern und Intellektuellen wie George Sand, Eugène Delacroix und Frédéric Chopin – allesamt Anhänger der Romantik – sehr beliebt. Der Stadtteil ist geprägt von klassischen Bauten wie den *hôtels particuliers* (Stadthäusern), charmanten Plätzen, stillen Innenhöfen und kleinen Museen. Bekannteste Straße ist die Rue des Martyrs. Hier gibt es ein sehr abwechslungsreiches Angebot an Läden und Lokalen.

An der Rive Droite (rechtem Ufer) und in der Nähe der großen Boulevards gibt es schicke Galerien bzw. Einkaufspassagen. Errichtet wurden sie in der ersten Hälfte des 19. Jahrhunderts im Auftrag vermögender Anwohner, die während des Einkaufens möglichst trocken bleiben wollten. An die 150 gab es einst in Paris, die meisten sind jedoch der Abrissbirne zum Opfer gefallen, mitunter als Folge der Konkurrenz durch die großen Ketten und die Haussmann-Boulevards.

2

Im 1. und 2. Bezirk gibt es zahlreiche historische, teils weltberühmte Bauwerke. Im 11. Jahrhundert wurde das Louvre-Schloss erbaut, das in den folgenden Jahrhunderten um den Cour Carrée und die Tuilerien erweitert wurde. Im Jahr 1622 begann man mit dem Bau des Palais Royal für Kardinal Richelieu. Im Laufe der Zeit wurde dieser Palast einige Male umgebaut, und nach einer Reihe königlicher Bewohner fanden auch weniger aristokratische Mieter hier eine Bleibe. Im 18. Jahrhundert wurde der Garten öffentlich zugänglich gemacht, jedoch nicht für die Polizei. Daher verwundert es nicht, dass der Palast zum Zentrum allerlei illegaler Aktivitäten wurde. Trotz dieser turbulenten Zeiten ist der Charme vergangener Tage erhalten geblieben.

An den großen Boulevards liegen die bekannten Kaufhäuser wie Galeries Lafayette und Le Printemps. Rund um die Place de la Madeleine mit der an einen römischen Tempel erinnernden Kirche befinden sich zahlreiche Feinkostläden und Teesalons.

6 Insider-Tipps

Musée de la Vie Romantique

Tee trinken in einem idyllischen Garten.

Galérie Vivienne

Durch eine herrliche Galerie schlendern.

Jardin du Palais Royal

Das besondere Ambiente dieses Gartens erspüren.

Bouillon Chartier

Ein klassisches französisches Abendessen genießen.

Lavinia

Wein kaufen oder erst einmal kosten.

Fauchon

Unwiderstehliche französische Spezialitäten bestaunen.

 Sehenswürdigkeiten

Shoppen

 Essen & Trinken

 Paris live

Sehenswürdigkeiten

(1) Im 19. Jahrhundert war das **Musée de la Vie Romantique** Künstlertreff der Pariser Romantik. In dem *hôtel particulier* wohnte und arbeitete der Maler Ary Scheffer. Seine Werke sowie Erinnerungsstücke der Schriftstellerin George Sand beleuchten diese Zeit. Im idyllischen Garten befindet sich ein Teesalon.
16, rue chaptal, 9. arr., telefon: 01 55319567, geöffnet: di-so 10.00-18.00, eintritt: dauerausstellung frei, sonderausstellung ab 7 €, u-bahn: blanche

(2) Gustave Moreau (1826–1898) war Anhänger des Symbolismus. Sein Wohnhaus und Atelier beherbergen heute das **Musée national Gustave Moreau**. Die hohen Wände hängen voll mit eigenwilligen Gemälden, und in den Vitrinen liegen zahlreiche fantasievolle Zeichnungen und Aquarelle aus.
14, rue de la rochefoucauld, 9. arr., www.musee-moreau.fr, telefon: 01 48743850, geöffnet: mo & mi-do 10.00-12.45 & 14.00-17.15, fr-so 10.00-17.15, eintritt: 5 €, u-bahn: trinité oder saint-georges

(18) Das Gebäude im Empirestil, das heute das **Musée du Louvre** beherbergt, war früher eine mittelalterliche Burg und ist später zu einem Palast ausgebaut worden. 1793 öffnete Napoleon den Palast für Besucher, und heute ist der Louvre das reichste und meistbesuchte Museum der Welt. Es gibt unglaublich viel zu sehen: Wer alle ausgestellten Werke auch nur flüchtig betrachten wollte, bräuchte mindestens zwei Tage.
34-36, quai du louvre, 1. arr., www.louvre.fr, telefon: 01 40205317, geöffnet: sa-mo & do 9.00-18.00, mi & fr 9.00-21.45, eintritt: 12 €, u-bahn: palais royal oder musée du louvre

(20) Das **Musée des Arts Décoratifs** steht ganz im Zeichen der angewandten Künste wie Design, Innenarchitektur, Werbung, Grafikdesign und Mode. In der Dauerausstellung werden interessante Jugendstil- und Art-déco-Werke sowie Möbelstücke aus dem 20. Jahrhundert gezeigt. Außerdem finden hier Sonderausstellungen statt. Vom obersten Stockwerk haben Besucher eine wunderbare Aussicht auf den Jardin des Tuileries.
107-111, rue de rivoli, 1. arr., www.lesartsdecoratifs.fr, telefon: 01 44555750, geöffnet: di-mi & fr-so 11.00-18.00, do 11.00-21.00, eintritt: 11 €, u-bahn: palais royal oder musée du louvre

㉕ Die **Opéra Garnier** wurde zwischen 1862 und 1875 errichtet. Diese riesige "Hochzeitstorte", so der Spitzname des Gebäudes, wurde von Charles Garnier entworfen. Das Gebäude mit den verschiedenen Stilrichtungen beherbergt Hunderte von Skulpturen. Es werden zwar tagsüber Führungen durch das Gebäude angeboten, aber der Besuch einer Oper ist ein viel schöneres Erlebnis.
8, rue scribe, 9. arr., www.operadeparis.fr, telefon: 01 44615965, geöffnet: besichtigung täglich 10.00-17.00, englischsprachige führung mi & sa-so 11.30 & 14.30, eintritt: 10 €, inkl. führung 14 €, u-bahn: opéra

㉗ Franzosen sind sehr stolz auf die Produkte aus ihrem Land. Daher ist es nicht weiter verwunderlich, dass es ein Museum gibt, in dem sich alles um Fragonard dreht, die Parfümerie aus Grasse, die sich einen Namen mit ihren duftenden Erzeugnissen gemacht hat. Das **Musée Fragonard** befindet sich in einem herrlichen, 1860 erbauten Palais, das Interieur stammt noch überwiegend aus jener Zeit. Besichtigen kann man das Museum und die private Parfümsammlung nur im Rahmen der (mehrsprachigen) Führungen. Kaufen können Sie die Düfte hier natürlich auch.
9, rue scribe, 9. arr., www.fragonard.com, telefon: 01 47420456, geöffnet: mo-sa 9.00-18.00, so 9.00-17.00, eintritt: frei, u-bahn: opéra

㉙ Mit **La Madeleine** wollte Napoleon eine Ruhmeshalle für gefallene Soldaten errichten. Da sich der Bau der Halle im römischen Stil jedoch sehr lange hinzog (1764–1842) und letztendlich kaum mehr Interesse an einem Monument für Kriegsopfer bestand, wurde La Madeleine schließlich in eine Kirche umfunktioniert. Neben den täglichen Messen finden auch regelmäßig Konzerte statt.
place de la madeleine, 8. arr., www.eglise-lamadeleine.com, telefon: 01 44516900, geöffnet: täglich 9.30-19.00, eintritt: frei, u-bahn: madeleine

Essen & Trinken

(5) Auf der Suche nach einem Platz zum Verschnaufen? Dann bietet sich eines der Straßencafés an der Place Gustave Toudouze an. An Wochenenden sind die Lokale voll mit Menschen aus der Gegend, die zum Brunchen herkommen – und vielleicht auch, um zu sehen und gesehen zu werden. Neben zahlreichen netten Sitzecken im Inneren verfügt das **No Stress Café** über eine einladende Terrasse – der ideale Ort für eine Pause.
2, place gustave toudouze, 9. arr., telefon: 01 48780027, geöffnet: täglich 11.00-2.00, preis: mittagsmenü 13 €, u-bahn: saint-georges

(6) Im Restaurant des kleinen, aber schicken **Hotels Amour** können Sie mittags oder abends gut essen oder an der Bar etwas trinken. Mit etwas Glück ergattern Sie einen Tisch im schönen Innenhof. Wer gerne bruncht, sollte am Wochenende herkommen.
8, rue de navarin, 9. arr., www.hotelamourparis.fr, telefon: 01 48783180, geöffnet: mo-sa 12.00-0.00, so 12.00-17.00, preis: 33 €, brunch 26 €, u-bahn: pigalle oder saint-georges

(7) Das **Le Pantruche** ist zu Recht sehr beliebt, denn in einem eher schlichten Interieur werden klassische, aber raffinierte französische Gerichte mit viel Flair und Sachverstand serviert – und das zu sehr angemessenen Preisen. Hat leider nur unter der Woche geöffnet.
3, rue victor massé, 9. arr., www.lepantruche.com, telefon: 01 48785560, geöffnet: mo-fr 12.00-14.30 & 19.30-22.30, preis: mittagessen 18 €, dinner 34 €, u-bahn: pigalle oder saint-georges

(8) In der Rue des Martyrs und an der Avenue Trudaine befinden sich diverse empfehlenswerte Restaurants. Wer etwas Besonderes sucht, sollte das ungarische Restaurant **Le Paprika** ansteuern, das für sein köstliches Gulasch berühmt ist. Sie bevorzugen französische Gerichte? Kein Problem, die stehen ebenfalls auf der Speisekarte.
28, avenue trudaine, 9. arr., www.le-paprika.com, telefon: 01 44630291, geöffnet: täglich 10.00-23.30, preis: 20 €, u-bahn: pigalle oder anvers

NO STRESS CAFÉ ⑤

⑨ Stammgäste wissen das längst: Die Einrichtung des Lokals verändert sich ständig. Das von einem belgisch-französischen Ehepaar betriebene **Cornercafé Apatam** erinnert an ein buntes Wohnzimmer, die bequemen Sessel kommen vom Gebrauchtmöbelladen nebenan. Hier kann man stundenlang sitzen und köstliche Speisen genießen. Am Freitag- und Samstagabend gibt es nur ein Menü – vom Chef persönlich zusammengestellt. An diesen Tagen ist Reservieren Pflicht.

10, rue thimonnier, 9. arr., www.cornercafe.fr, telefon: 01 77160144, geöffnet: mo-mi 12.00-0.00, fr-sa 8.00-0.00, preis: menü 33 €, u-bahn: anvers

(12) Das legendäre, 1896 eröffnete Restaurant **Bouillon Chartier** ist ein Pariser Klassiker. Das Konzept von damals – gutes Essen für wenig Geld und ausgezeichneter Service – ist heute noch genauso erfolgreich wie einst. Tischreservierungen werden nicht entgegengenommen, daher ist die Schlange draußen vor der Tür abends meist ziemlich lang. Tipp: Kommen Sie am frühen Abend, dann ist oft noch etwas weniger los. Auf der umfangreichen Speisekarte stehen vor allem französische Gerichte. Gegessen wird im großen, absolut sehenswerten Speisesaal, der mit viel Glas und Spiegeln eingerichtet ist.
7, rue du faubourg montmartre, 9. arr., www.bouillon-chartier.com, telefon: 01 47708629, geöffnet: täglich 11.30-22.00, preis: 15 €, u-bahn: grands boulevards

(13) Das mit viel Holz eingerichtete **L'Arbre à Cannelle** ist eine wunderbare Adresse in der Passage des Panoramas. Ob Fensterfront, Tische, Stühle oder Decken, alles ist aus Holz gefertigt. Das Restaurant mit Salon de Thé ist bekannt für seine herzhaften und süßen Kuchen und Torten aus eigener Herstellung, zum Beispiel die Crumbles oder den Schoko-Mandarinen-Kuchen.
57, passage des panoramas, 2. arr., www.passagedespanoramas.fr, telefon: 01 45085587, geöffnet: mo-sa 12.00-15.00 & 19.00-23.00, preis: mittagessen 23 €, u-bahn: grands boulevards

(14) Wer gerne lange frühstückt oder bruncht, sollte **Le Pain de La Bourse** einen Besuch abstatten. Wie der Name schon andeutet, liegt das Café neben der schönen Pariser Börse. An langen Holztischen werden zum Frühstück gemischte Brotkörbe und drei verschiedene hausgemachte Schokocremes gereicht: weiß, bitter oder Haselnuss. Das in Belgien erdachte Konzept scheint den Parisern sehr zu entsprechen – an Wochenenden pilgern sie in Scharen hierher.
33, rue vivienne, 2. arr., telefon: 01 42367602, geöffnet: mo-sa 8.00-22.00, so 8.00-18.00, preis: 15 €, u-bahn: bourse

(19) Im **Café Marly** sitzt man unter den Arkaden eines einstigen Königspalastes mit Blick über den Innenhof des Louvre mit der Pyramide des Architekten Pei. Ein wunderschöner Ort für die Mittagspause.
93, rue de rivoli 1. arr., www.beaumarly.com, telefon: 01 49260660, geöffnet: täglich 8.00-2.00, u-bahn: palais royal oder musée du louvre

㉔ HABEMUS

㉑ Das modern eingerichtete **Le Saut du Loup** liegt etwas abseits der touristischen Route, die durch den Jardin des Tuileries führt. Die Terrasse eignet sich hervorragend für ein köstliches schickes Mittagessen oder ein romantisches Date, nicht zuletzt wegen des schönen Gartenblicks. An sonnigen Tagen gibt es ausreichend Sonnen- wie Schattenplätze, sogar der Eiffelturm ist in der Ferne zu sehen.

107, rue de rivoli, 1. arr., www.lesautduloup.fr, telefon: 01 42254955, geöffnet: täglich 12.00-22.00 (tapas 15.00-18.00), preis: hauptgericht 23 €, tapas 7 €, u-bahn: louvre rivoli oder tuileries

(23) An der Place du Marché de Saint-Honoré liegen gleich mehrere Restaurants – von einfach bis elegant. Zur letzten Kategorie gehört zum Beispiel **L'Absinthe**. Hier werden ausgezeichnete Fisch- und Fleischgerichte in einem klassisch-charmanten Ambiente serviert.

24, place du marché saint-honoré, 1. arr., www.restaurantabsinthe.com, telefon: 01 49269004, geöffnet: mo-do 12.00-14.15 & 19.15-22.30, fr-sa 12.00-14.15 & 19.00-23.00, preis: 22 €, u-bahn: tuileries

(24) Bei Parisern steht das **Habemus** hoch im Kurs – nicht nur für den Snack in der Mittagspause, sondern auch wegen der After-Work-Party. Wenn Sie zwischen Einheimischen gut essen wollen, sind Sie hier richtig. Ganz in der Nähe befindet sich die Passage Choiseuil, eine überdachte Einkaufsstraße mit interessanten Läden.

13, rue monsigny, 2. arr., www.habemus-restaurant.fr/Accueil, telefon: 01 47429235, geöffnet: mo-fr 12.00-15.00 & 18.30-20.00, preis: 17 €, u-bahn: pyramides, opéra oder quatre septembre

(33) Das Restaurant **Le Village** befindet sich im Village Royal, einer netten Passage zwischen der Rue Royal und der Rue Boissy d'Anglas, abseits der Hektik rund um Madeleine. Hierher kommen die Pariser, die in der Nähe arbeiten, gerne zum Mittagessen. Im Winter wird die Terrasse beheizt.

25, rue royale, 8. arr., telefon: 01 40170219, geöffnet: mo-sa 8.00-19.00, preis: 25 €, u-bahn: madeleine

(34) Haben Sie schon einmal in einem Restaurant gegessen, in dem man Wein aus jedem Weinland der Erde bekommt? Das **Le Taste Monde** bietet Ihnen diese Möglichkeit, denn der Inhaber Sylvain scheut keinen Weg, um an edle Tropfen heranzukommen. 900 verschiedene Weine überfordern Sie? Dann lassen Sie sich einfach von einem der Sommeliers beraten. Von 15 bis 19 Uhr ist der Laden im Weinkeller geöffnet. Tipp: Wer das Drei-Gänge-Menü vor 20 Uhr bestellt, zahlt weniger.

8, rue de surène, 8. arr., www.letastemonde.com, telefon: 01 42661989, geöffnet: mo-mi 12.00-14.00 & 19.00-22.00, do-fr 12.00-14.00 & 19.00-23.00, sa 19.00-23.00, preis: drei-gänge-menü 43 €, bis 20.00 27 €, ü-bahn: madeleine

Shoppen

(3) **Pois Plume** ist ein süßer bunter Laden für die Allerkleinsten und deren Mütter, der gute Laune macht. Neben Kleidung finden Sie schöne Dinge für das Kinderzimmer und natürlich Spielzeug. Man merkt, dass die Kollektion mit viel Sorgfalt ausgewählt wurde.
4, rue henry monnier, 9. arr., www.poisplume.com, telefon: 01 48743938, geöffnet: di-sa 11.00-19.00 & so 13.00-18.00, u-bahn: saint-georges

(4) Wie **Juju s'amuse** es schafft, immer wieder eine so originelle und reiz-volle Modekollektion zusammenzustellen, bleibt ein Rätsel. Die Boutique ist sogar so erfolgreich, dass Juju neben den drei Filialen in Paris inzwischen auch einen Ableger in New York betreibt.
3, rue henry monnier, 9. arr., www.jujusamuse.com, geöffnet: mo-sa 11.00-19.30, so 15.00-18.00, u-bahn: saint-georges

(10) **Le Jupon Rouge** ist ein Geschäft mit einem bunten Sortiment: restaurierte Möbelstücke, Retro-Kleidung, Schuhe, Taschen – alles cool und feminin. Der Laden hat sich sukzessive zum Hotspot für Frauen aus der Gegend gemausert. Sie kommen aber nicht nur, um etwas zu kaufen, sondern auch, um mit Inhaberin Marie zu schwatzen und deren roten Kater zu streicheln. Wer weiß, vielleicht finden Sie hier für wenig Geld nostalgische Dior-Schuhe ...
18, rue de rochechouart, 9. arr., telefon: 01 48785454, geöffnet: mo 14.30-19.00, di-sa 11.00-13.00 & 14.30-19.00, u-bahn: cadet

(11) Bei **La Boîte à Joujoux** finden Sie mit Sicherheit alles, was in ein perfekt ausgestattetes Puppenhaus gehört. Treten Sie ein in die Welt der Miniaturen! Es ist einfach unglaublich, was alles im Miniformat zu haben ist.
41 passage jouffroy, 9. arr., www.joujoux.com, telefon: 01 48245837, geöffnet: mo-sa 10.00-19.00, u-bahn: grands boulevards

(22) **Colette** ist der beste Concept-Store von Paris. Ob Personal, Besucher, Produkte oder Einrichtung – hier ist alles *très chic*. Die schönen Dinge werden wie in einer Galerie ausgestellt. Im Restaurant kann man gut zu Mittag essen oder an der Wasserbar ein Glas "australischen Regen" bestellen.
213, rue saint honoré, 1. arr., www.colette.fr, telefon: 01 55353390, geöffnet: mo-sa 11.00-19.00, u-bahn: tuileries

JUJU S'AMUSE ④

㉖ **Les Grands Magasins** – die großen Kaufhäuser – liegen nah beieinander. Das bekannteste sind die Galeries Lafayette mit der wunderbaren Kuppel aus Glas und Stahl. Le Printemps wird weniger von Touristen aufgesucht, und Le Citadium, hinter dem Printemps, hat die neuesten Sportartikel im Sortiment. *40, boulevard haussmann, 9. arr., www.galerieslafayette.com, telefon: 01 42823456, geöffnet: mo-mi & fr-sa 9.30-20.00, do bis 21.00, u-bahn: chaussée d'antin la fayette*

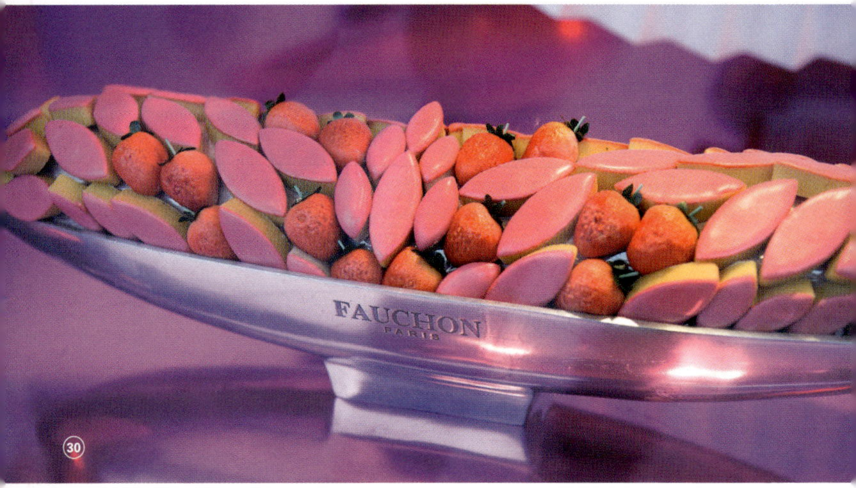
FAUCHON
PARIS
30

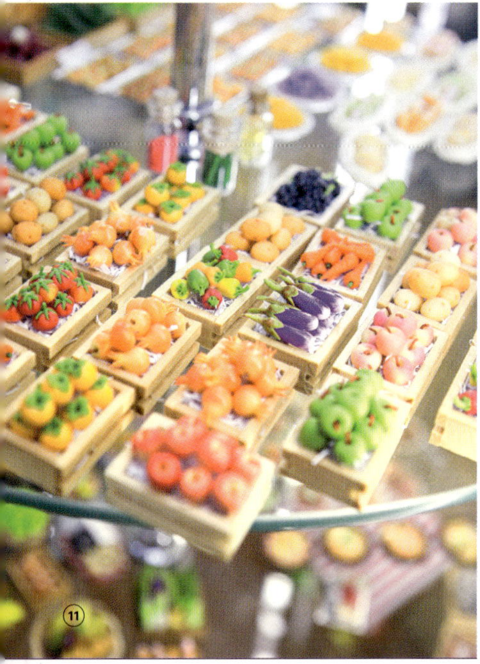
11

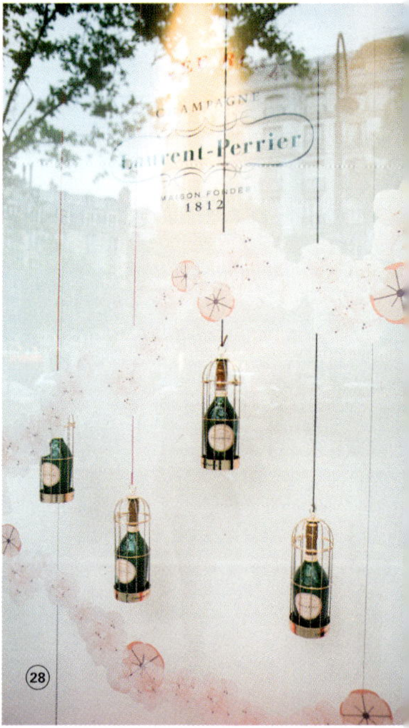
CHAMPAGNE
Laurent-Perrier
MAISON FONDEE
1812
28

(28) **Lavinia** ist eine Weinhandlung mit großem Sortiment und einer Bar mit Terrasse. Ein toller Ort, um sich eine Pause zu gönnen, alles über Wein zu erfahren und edle Tropfen zu verkosten. Probieren können Sie oben in der Bar, auf der Terrasse oder natürlich auch einfach zu Hause. Egal, wie Sie sich entscheiden, Sie zahlen immer nur den Ladenpreis.

3-5, boulevard de la madeleine, 9. arr., www.lavinia.fr, telefon: 01 42972020, geöffnet: mo-sa 10.00-20.30, u-bahn: madeleine

(30) Die 1886 gegründete Patisserie **Fauchon** ist für ihre raffinierten und teuren Köstlichkeiten bekannt. Hier gibt es himmlische Törtchen, einen Teesalon, einen Traiteur, einen Weinkeller und viele weitere Versuchungen.

30, place de la madeleine, 8. arr., www.fauchon.com, telefon: 01 70393800, geöffnet: patisserie und bäckerei mo-sa 8.30-20.30, café mo-sa 8.00-0.00, u-bahn: madeleine

(31) In der **Maison de la Truffe** dreht sich alles um die wertvollen Trüffel. Im Restaurant steht Omelett mit Trüffeln auf der Karte und im Laden werden Produkte wie Olivenöl mit Trüffelaroma verkauft.

19, place de la madeleine, 8. arr., www.maison-de-la-truffe.com, telefon: 01 42655322, geöffnet: laden mo-sa 10.00-22.00, restaurant mo-sa 12.00-22.30, u-bahn: madeleine

(32) Bei **Maille** steht Senf im Mittelpunkt, und das bereits seit 1747. Senf in allen möglichen Variationen und Farben: brauner Senf mit Honig und Nüssen, roter Senf mit Beeren, grüner Senf mit frischen Kräutern und, und, und. Außerdem bekommen Sie hier auch aus Senf hergestelltes Öl und Essig. Kaufen kann man den Senf in Gläsern oder "vom Fass" – wenn Sie lieber eigene Gläser verwenden möchten. Dieses typisch französische Produkt passt hervorragend zu den vielen anderen Köstlichkeiten, die Sie rund um Madeleine kaufen können.

6, place de la madeleine, 8. arr., www.maille.com, telefon: 01 40150600, geöffnet: mo-sa 10.00-19.00, u-bahn: madeleine

Paris live

(15) Paris besitzt zahlreiche Einkaufspassagen. Die glasüberdachten Galerien wurden im 19. Jahrhundert nach Plänen des Stadtarchitekten Haussmann erbaut, der sich höchstwahrscheinlich von der Architektur der arabischen Souks inspirieren ließ. Die 1823 errichtete **Galerie Vivienne** im Empirestil ist nicht nur die am besten erhaltene, sondern auch die beliebteste.
5, rue de la banque, 4, rue vivienne, 2. arr., www.galerie-vivienne.com, geöffnet: täglich 9.00-20.00, u-bahn: bourse

(16) Die **Place des Victoires** ist ein ruhiger Platz, der von Touristen nur selten besucht wird. Man kann hier wunderbar shoppen, es gibt Läden diverser Ketten wie Les Petites, Kenzo oder Esprit. Gestaltet wurde der Platz 1684, quasi als Dekor für ein Reiterdenkmal von Ludwig XIV. Das heutige Exemplar stammt aus dem 19. Jahrhundert, denn das erste fiel der Französischen Revolution zum Opfer.
place des victoires, 2. arr., u-bahn: bourse oder sentier

(17) Im wunderschönen Schlosspark **Jardin du Palais Royal** stehen seit 1986 schwarzweiße Skulpturen von David Buren, die einen spannenden Kontrast zwischen Alt und Neu erzeugen. In den Passagen am Ende des Parks sind kleine Läden untergebracht, die zum Beispiel Parfüm von Serge Lutens, betont weibliche Kleidung im britischen Stil von Stella McCartney, modische Schuhe von Pierre Hardy und schöne Basics von Journal Standard de Luxe anbieten. Die Läden und die traumhaften Terrassen dazwischen schaffen eine Atmosphäre, die es so nur in Paris gibt.
2, place colette, 1. arr., palais-royal.monuments-nationaux.fr, telefon: 01 47039216, geöffnet: täglich okt.-märz 7.00-20.30, apr.-mai 7.00-22.15, juni-aug. 7.00-23.00, sept. 7.00-21.30, u-bahn: palais royal oder musée du louvre

PLACE DES VICTOIRES (16)

Rue des Martyrs, Grands Boulevards & Madeleine

S P A Z I E R G A N G 2   (ca. 9 km)

Von der U-Bahn-Station Blanche aus die Rue Blanche hinuntergehen. In die dritte
Straße links, die Rue Chaptal, abbiegen, um das Musée de la Vie Romantique ① zu
besuchen. Dann über die Rue Henner Richtung Rue de la Bruyère gehen. Auf halber
Strecke finden Sie rechts noch ein Museum ②. Ansonsten bis zur Kreuzung gehen,
diese überqueren und geradeaus in die Rue Henry Monnier ③ ④ ⑤. Danach in die
Rue Clauzel und dann links die Rue des Martyrs nehmen ⑥ ⑦. Der Straße folgen
und rechts in die Avenue Trudaine abbiegen ⑧. Rechts in die Rue de Rochechouart; in
der zweiten Straße links zu Mittag essen ⑨. Der Rue de Rochechouart bis zur U-Bahn-
Station Cadet folgen, dabei kommen Sie an netten Läden ⑩ vorbei. Dann die Straße
in Richtung Rue Cadet überqueren. Die Rue du Faubourg Montmartre überqueren, ein
paar Schritte links gehen und dann gleich rechts in die Passage Jouffroy Verdeau ⑪
einbiegen. Die Passage bis zum Boulevard de Montmartre durchqueren und dann zweimal links gehen, um etwas zu essen ⑫. Ansonsten den Boulevard überqueren und
der Passage des Panoramas ⑬ Richtung Rue Vivienne folgen, um dort etwas Süßes
zu essen ⑭. Weitergehen, bis links der Eingang der Galerie Vivienne ⑮ auftaucht.
Beim Ausgang die Rue des Petis Champs überqueren und parallel dazu links Richtung
Place des Victoires ⑯ gehen. Umkehren und Richtung Rue du Quatre Septembre
spazieren. Gegenüber dem Ausgang der Galerie Vivienne links abbiegen und den
Jardin du Palais Royal ⑰ bis zum Ausgang an der Place du Palais Royal durchqueren.
Die Rue de Rivoli Richtung Louvre ⑱ ⑲ überqueren. Mit dem Louvre-Park zu Ihrer
Linken Richtung Museum ⑳ und Terrasse ㉑ spazieren. Nicht in die Tuilerien gehen,
sondern rechts in die Rue des Pyramides einbiegen. Dann die erste Straße links, die
Rue Saint Honoré, nehmen ㉒. Hier geht es rechts Richtung Place du Marché Saint
Honoré ㉓. Geradeaus über die Rue d'Antin Richtung Avenue de l'Opéra und diese
überqueren. Links in die Rue de Montsigny ㉔ und danach links der Rue du Quatre
Septembre folgen, um zur Oper ㉕ zu gelangen. Dahinter am Boulevard Haussmann
finden Sie große Kaufhäuser ㉖. Über die Rue Scribe zurück Richtung Boulevard des
Capucines, vorbei am Parfümmuseum ㉗. Den Boulevard überqueren und rechts abbiegen ㉘. Geradeaus Richtung Kirche ㉙ gehen. Die Kirche umrunden ㉚ ㉛ ㉜, um
zu zwei Restaurants ㉝ ㉞ zu gelangen, wo Sie den Tag ausklingen lassen können.

2

SPAZIERGANG 1

Place d

Rome M

BOULEVARD DES BATIGNOLLES

Liège M

Europe M

Paris-Gare Saint-Lazare

Saint-Lazare

Saint-Augustin M

M Sa

M

M

Ziel 34   31

Madeleine   30

29   M

33   32   28

Galerie Royale

Concorde M

SPAZIERGANG 5

Jardin

Musée de l'Orangerie

(1)	Musée de la Vie Romantique
(2)	Musée national Gustave Moreau
(3)	Pois Plume
(4)	Juju s'amuse
(5)	No Stress Café
(6)	Hotel Amour
(7)	Le Pantruche
(8)	Le Paprika
(9)	Cornercafé Apatam
(10)	Le Jupon Rouge
(11)	La Boîte à Joujoux
(12)	Bouillon Chartier
(13)	L'Arbre à Cannelle
(14)	Le Pain de la Bourse
(15)	Galerie Vivienne
(16)	Place des Victoires
(17)	Jardin du Palais Royal
(18)	Musée du Louvre
(19)	Café Marly
(20)	Musée des Arts Décoratifs
(21)	Le Saut du Loup
(22)	Colette
(23)	L'Absinthe
(24)	Habemus
(25)	Opéra Garnier
(26)	Les Grands Magasins
(27)	Musée Fragonard
(28)	Lavinia
(29)	La Madeleine
(30)	Fauchon
(31)	La Maison de la Truffe
(32)	Maille
(33)	Le Village
(34)	Le Taste Monde

●	= Sehenswürdigkeiten
●	= Essen & Trinken
●	= Shoppen
●	= Paris live

0   250 m

Les Halles & Le Marais

Der Charme der Geschichte

Im Stadtteil Les Halles befanden sich einst die Markthallen, umgeben von vielen Lokalen, in denen die Händler nachts einen Teller Suppe bekamen. 1969 wurden die Marktstände jedoch in den Außenbezirk Rungis verbannt und die Hallen gegen den Widerstand der Bevölkerung abgerissen. Danach entstand 1979 ein unterirdisches Einkaufszentrum: Le Forum des Halles. Der Charakter des Viertels wandelte sich, die Mieten stiegen und viele Anwohner zogen weg. Nur ein paar wenige Restaurants und Geschäfte von damals sind geblieben. Les Halles wird momentan umfassend renoviert.

Ein anderes modernes Gebäude, welches das Erscheinungsbild des Stadtteils veränderte, ist das Centre Pompidou. Bei der Eröffnung 1977 war das Zentrum für Gegenwartskunst ins Kreuzfeuer der Kritiker geraten, die sich an der ungewöhnlichen Konstruktion mit Stangen, Röhren und grellen Farben störten. Heute ist Paris ohne dieses Bauwerk nicht mehr vorstellbar. Die größtenteils autofreie Gegend rund um das Centre Pompidou ist geprägt von

kleinen Gassen mit vielen netten Läden. Auch das Hôtel de Ville befindet sich hier – das mächtige Bauwerk ist das politische Zentrum der Stadt. Shoppen kann man am besten in der Rue de Rivoli, einer Straße mit zahlreichen Läden französischer Modeketten.

Le Marais war einst ein Sumpfgebiet, das regelmäßig überflutet war. Ab dem 6. Jahrhundert wurden viele – zunächst vergebliche – Versuche gestartet, das Gebiet zu entwässern. Im 12. Jahrhundert wurde Le Marais ummauert und schließlich trockengelegt. Die erste Bebauung erfolgte um etwa 1300. Der Adel ließ sogenannte *hôtels particuliers* (Stadtvillen) errichten und den schönsten Platz von Paris, die Place des Vosges, anlegen. Le Marais ist ein charmantes Viertel mit originellen, teils auch sonntags geöffneten Geschäften, gemütlichen Bistros, versteckten Innenhöfen und schmalen Gassen. Die Gegend ist gerade bei Homosexuellen wegen der vielen Ausgehmöglichkeiten beliebt.

6 Insider-Tipps

L'Amoncel

Einen gesunden Snack
genießen.

Georges

Den Blick über Paris
schweifen lassen.

Marché des
Enfants Rouges

Den gemütlichen Markt
mit den vielen
Terrassen besuchen.

Place des Vosges

Am schönsten Platz der
Stadt Kaffee trinken.

Musée Carnavalet

Mehr über die Geschichte
von Paris erfahren.

Merci

In einem tollen Concept-
Store einkaufen und
dabei etwas Gutes tun.

- Sehenswürdigkeiten
- Shoppen
- Essen & Trinken
- Paris live

Sehenswürdigkeiten

(1) Wegen Geldmangels dauerte der Bau der **Église Saint-Eustache** mehr als 100 Jahre, von 1532 bis 1637. Das zeigt sich auch an den verschiedenen Stilrichtungen, die von der Gotik bis zur Renaissance reichen. Der Grundriss basiert auf dem von Notre-Dame, das Bauwerk ist groß und prächtig. Hier wurden unter anderem Richelieu, Molière und Madame de Pompadour getauft.
2, impasse saint-eustache, 1. arr., www.saint-eustache.org, telefon: 01 42363105, geöffnet: mo-fr 9.30-19.00, sa-so 9.00-19.00, eintritt: frei, u-bahn: les halles

(9) Das **Centre Pompidou** – umgangssprachlich auch "Beaubourg" genannt – wurde von den Architekten Renzo Piano und Richard Rogers entworfen. Obwohl es bei der Eröffnung 1977 Kritik hagelte, wurde das Bauwerk schnell zu einer echten Attraktion. Die Dauerausstellung des Musée national d'Art Moderne besteht aus mehr als 1400 Werken. Ergänzend finden zahlreiche Sonderausstellungen, Filmvorführungen und Konferenzen statt. Durchstöbern Sie unbedingt auch den gut sortierten Buchladen.
place georges pompidou, 4. arr., www.centrepompidou.fr, telefon: 01 44781233, geöffnet: mi-mo 11.00-21.00, eintritt: 11-13 €, u-bahn: rambuteau

(11) Bereits seit Jahrhunderten ist das **Hôtel de Ville de Paris** das politische Zentrum der Stadt. Als Frankreich noch eine Monarchie war, fanden auf dem großen Platz vor dem Rathaus öffentliche Hinrichtungen statt. 1871 wurde das Gebäude im Auftrag der Commune, der revolutionären Stadtregierung, in Brand gesetzt. Jahre später renovierte man es gemäß dem Originalentwurf. In einem seitlich gelegenen Saal, zu dem man über einen Nebeneingang gelangt, werden interessante Sonderausstellungen gezeigt.
place de l'hôtel de ville, 4. arr., www.paris.fr, telefon: 01 42764040, führung: nach voranmeldung, eintritt: frei, u-bahn: hôtel de ville

⑨ **LE CENTRE POMPIDOU**

⑳ Die **Synagoge Agudath Hakehilot** wurde 1914 vom Jugendstilarchitekten Hector Guimard erbaut, der auch die grünen gusseisernen U-Bahn-Eingänge entwarf. Während der Besatzung wurde diese Synagoge von den Deutschen gesprengt, später jedoch wiederaufgebaut. Heute ist das Bauwerk ein französisches Kulturdenkmal.
10, rue pavée, 4. arr., telefon: 01 48872154, nicht öffentlich zugänglich, u-bahn: saint-paul

㉒ Das **MEP**, Maison Européenne de la Photographie, ist in einem renovierten *hôtel particulier* untergebracht. Zur Sammlung, die nicht ständig gleich, sondern in wechselnder Zusammensetzung gezeigt wird, gehören Werke großer Fotografen wie Helmut Newton, Martin Parr und Sarah Moon. Auch die Bibliothek im Erdgeschoss ist einen Besuch wert.
5-7, rue de fourcy, 4. arr., www.mep-fr.org, telefon: 01 44787500, geöffnet: mi-so 11.00-19.45, eintritt: 8 €, u-bahn: saint-paul oder pont marie

㉗ Eigentlich darf man Paris erst wieder verlassen, wenn man auch das **Musée Carnavalet** besucht hat. Dieses Museum über die Geschichte von Paris ist in einem typischen Marais-Bauwerk mit schönem Park untergebracht. Hier können Modelle der Île de la Cité und der Bastille, alte Karten, Grundrisse, Bilder und Gemälde bestaunt werden. Kurz: Hier erfährt man alles über das Pariser Leben seit Gründung der Stadt.
16, rue des franc bourgeois, 3. arr., www.carnavalet.paris.fr, telefon: 01 44595858, geöffnet: di-so 10.00-18.00, eintritt: dauerausstellung frei, sonderausstellungen unterschiedlich, u-bahn: saint-paul oder chemin vert

㉙ Das **Musée Cognacq-Jay** ist ein kaum bekanntes, aber wunderschönes Museum. Hier wird die Privatsammlung gezeigt, die Ernest Cognacq und seine Frau Marie-Louise Jay in den Jahren 1900 bis 1925 zusammentrugen. Sie umfasst hauptsächlich Gemälde, Zeichnungen, Skulpturen, Porzellan und Möbel aus dem 18. Jahrhundert.
8, rue elzévir, 3. arr., www.museecognacqjay.paris.fr, telefon: 01 40270721, geöffnet: di-so 10.00-18.00, eintritt: dauerausstellung frei, u-bahn: saint-paul oder chemin vert

Essen & Trinken

③ Die Kolonialwarenhandlung des **Comptoir de la Gastronomie** wurde im späten 19. Jahrhundert gegründet und verkaufte damals vor allem Traditionsprodukte wie Foie gras (Gänseleber) und Räucherfisch. Heute kann man sich französische Gerichte wie *escargots* (Schnecken) aus dem Burgund, *confit de canard* (Ente), Foie gras mit Honig oder Crème brulée schmecken lassen. *34, rue montmartre, 1. arr., www.comptoirdelagastronomie.com, telefon: 01 42333132, geöffnet: restaurant mo-do 12.00-23.00, fr-sa 12.00-0.00, laden mo 9.00-20.00, di-sa 6.00-20.00, preis: 20 €, u-bahn: les halles*

④ Wer die korsische Küche schätzt, ist bei **Le Leopold** goldrichtig. Der Inhaber ist Korse, hat aber ein Faible für Fleisch aus der Auvergne, das er für das beste Frankreichs hält. Die Speisekarte wechselt gemäß den Jahreszeiten. Pariser kommen vor allem hierher, um sich eine Platte mit Wurstwaren zu teilen – selbstverständlich mit einem feinen korsischen oder französischen Wein dazu. *36, rue léopold bellan, 2. arr., www.le-leopold.fr, telefon: 01 45084583, geöffnet: mo-fr 12.00-14.30 & 18.00-22.30, sa 18.00-23.00, preis: 18 €, u-bahn: bourse oder sentier*

⑧ Das Restaurant **Le Derrière** liegt etwas versteckt an einem kleinen Platz, unmittelbar neben zwei anderen Lokalen des gleichen Inhabers: dem marokkanischen Restaurant 404 und der Cocktailbar Andy Whaloo, in der gelegentlich ein DJ auflegt. Le Derrière ist sehr ungewöhnlich eingerichtet, die Tische sind unterschiedlich, aber alles wirkt richtig gemütlich. Am Tisch "Das Schlafzimmer" zum Beispiel befinden sich zwei Sitzplätze auf einem Bett. Inmitten des Lokals ist eine Tischtennisplatte aufgebaut. Das Essen ist durchschnittlich, aber bei der Einrichtung auch nur Nebensache. Tipp: das sonntägliche Brunchbuffet. *69, rue des gravilliers, 3. arr., derriere-resto.com, telefon: 01 44619195, geöffnet: mo-fr 12.00-14.30 & 20.00-23.30, sa 20.00-23.00, brunch so 12.00-16.30, preis: 28 €, sonntagsbrunch 35 €, u-bahn: arts et metiers*

⑩ Im Restaurant **Georges**, mit einer Einrichtung von Philippe Starck, haben die italienischen Brüder Costes das Sagen. Ihr Lokal liegt im oberen Bereich des Centre Pompidou und gewährt eine tolle, aber teuer bezahlte Aussicht auf Paris. *place georges pompidou, 4. arr., www.beaumarly.com, telefon: 01 44784799, geöffnet: mi-mo 12.00-1.00, preis: 35 €, u-bahn: rambuteau*

GEORGES ⑩

⑬ Die grüne Fassade des Bistros **Les Mauvais Garçons** springt sofort ins Auge. Die Einrichtung mit den kleinen Tischen ist eher schlicht, serviert werden aber köstliche französische Gerichte, nicht selten aus der Gegend um Lyon. Ob Vorspeisen wie Camembert *grillé* oder *gratinée à l'oignon*, Hauptgerichte wie *bœuf bourguignon* sowie *magret de canard* oder Nachspeisen wie *tarte à la praline rosé* – alles klingt wie es schmeckt: ausgezeichnet!

4, rue des mauvais garçons, 4. arr., lesmauvaisgarconsparis.com, telefon: 01 42727497, geöffnet: mi-so 12.00-14.30 & 19.00-23.30, preis: 24 €, u-bahn: hôtel de ville

⑮ Für ein Mittag- oder Abendessen im **Le Jaja** sprechen verschiedene Gründe: Das Lokal liegt abseits der lauten Straße in einem kleinen begrünten Hof, in dem man sich in einem geheimen Garten wähnt. Die Speisekarte weist orientalisch angehauchte Gerichte auf und wechselt mit den Jahreszeiten. Außerdem stehen über 80 verschiedene Weine zur Auswahl. Einheimische wissen, dass hier ein hervorragender Rosé kredenzt wird ...

3, rue sainte-croix de la bretonnerie, 4. arr., www.jaja-resto.com, telefon: 01 42747152, geöffnet: mo-fr 12.00-14.30 & 20.00-23.30, sa-so 12.00-15.00 & 20.00-23.00, preis: 24 €, u-bahn: hôtel de ville oder saint-paul

⑯ Das Café **Au Petit Fer à Cheval** im Marais ist ein echter Paris-Klassiker und verdankt seinen Namen der hufeisenförmigen Bar. Die kleine Terrasse eignet sich sehr gut, um die Passanten in der lebhaften Straße zu beobachten. Die Küche hat durchgehend von 12 bis 1.15 Uhr geöffnet – eine absolute Seltenheit in Paris.

30, rue vieille du temple, 4. arr., www.cafeine.com, telefon: 01 42724747, geöffnet: täglich 9.00-1.15, preis: 15 €, u-bahn: hôtel de ville oder saint-paul

⑱ Bei **Miznon** gibt es die besten Pitas der ganzen Stadt. "Miznon" ist Hebräisch und bedeutet so viel wie "Buffet". Hier bestellt man an der Bar seine eigene Pita, die man sich aus den Zutaten, die an der Tafel angeschrieben stehen, zusammenstellt. Die Auswahl ist riesig. Überaus empfehlenswert sind Lammkebab, *alléchant kebab*, *bœuf bourguignon*, Ratatouille von Karotten oder frisch marinierter Thunfisch. Wer mehr Appetit auf Süßes hat, nimmt eine Pita mit Banane und Schokolade. Essen können Sie an der Bar oder an einem der Tische.

22, rue des écouffes, 4. arr., telefon: 01 42748358, geöffnet: mo-do, so 12:00-00:00, fr 12:00-16:00, preis: 13 €, u-bahn: saint-paul

⑲ Die Wände im Teesalon **Le Loir dans la Théière** sind mit Figuren aus Lewis Carolls *Alice im Wunderland* bemalt. Bei einer Kanne Tee und einem Stück köstlicher *tarte au citron meringuée* kann man in den bequemen Klubsesseln wunderbar einen ganzen Nachmittag lang herumlümmeln.

3, rue des rosiers, 4. arr., telefon: 01 42729061, geöffnet: täglich 9.30-19.30, preis: mittagessen 18 €, u-bahn: saint-paul

(28) Ins **Café Suédois** geht man, um ein schwedisches Mittagessen zu genießen oder um einfach nur etwas zu trinken. Sowohl drinnen als auch draußen im Innenhof kann man wunderbar sitzen und relaxen. Auf der Karte stehen skandinavische Köstlichkeiten wie schwedischer Lachs, Köttbullar und Zimtbrötchen.

11, rue payenne, 3. arr., paris.si.se, telefon: 01 44788020, geöffnet: di-so 12.00-18.00, preis: 8 €, u-bahn: saint-paul oder chemin vert

(30) **Le Dôme du Marais** ist ein tolles Restaurant mitten im Marais. Die überdachte Terrasse lockt viele Pariser an, um hier den Nachmittag bei Tee und etwas Süßem zu verbringen. Ungewöhnlich ist der kreisrunde Speisesaal, der – wie es der Name des Lokals bereits vermuten lässt – von einer Glaskuppel überwölbt ist. Ob Brunch, Mittagessen oder Abendessen – hier wird das Essen zum Erlebnis. Vergessen Sie nicht zu reservieren.

53 bis rue des francs bourgeois, 4. arr., www.ledomedumarais.fr, telefon: 01 42745417, geöffnet: täglich 12.00-14.30 & 19.00-22.00, preis: hauptgericht 30 €, sonntagsbrunch 30 €, u-bahn: hôtel de ville, rambuteau oder saint-paul

(33) Bei **Nanashi** können Sie die *bentobox* kennenlernen, das japanische Pendant zu unserer Pausenbrotdose. In diesem Lokal, einem von dreien der japanischen Kette in Paris, können Sie Ihre Brotdose mit gesunden Zutaten wie Reis, Salat, Lachs oder frischem Gemüse bestücken lassen. Und dazu vielleicht einen frischen Fruchtsaft wie zum Beispiel Karotten-Ingwer-Saft? Im Nanashi trifft man häufig Pariser Fotomodelle.

57, rue charlot, 3. arr., www.nanashi.fr, telefon: 01 44614549, geöffnet: mo-sa 12.00-00.00, so 12.00-18.00, preis: 13 €, u-bahn: filles du calvaire

(34) Super hip und 100 % gesund – das ist das **Café Pinson**. Für die Gestaltung des Lokals standen Restaurants in San Francisco Modell: Alles ist hell, offen und es gibt unterschiedliche Stühle. Gönnen Sie sich einen frischen Saft und eine *detox*-Mahlzeit: gesunden Salat mit Kernen und Samen oder Risotto mit Gemüse und Gewürzen. Das Pinson ist sehr beliebt – kommen Sie daher frühzeitig, wenn Sie nicht in der Schlange stehen möchten. Oder nehmen Sie sich das Essen einfach mit.

6, rue du forez, 3. arr., www.cafepinson.fr, telefon: 09 83825353, geöffnet: mo-fr 9.00-0.00, sa 10.00-0.00, so 12.00-18.00, preis: 13 €, u-bahn: filles du calvaire

CAFÉ PINSON (34)

(35) Gönnen Sie sich eine Verschnaufpause im **Le Mary Céleste**. Hier sitzt man an einem langen Holztresen und kann ein Gericht von der Tageskarte bestellen oder den Tag mit einem Cocktail ausklingen lassen. In der Austern-zeit (von September bis April) sind die Austernteller sehr zu empfehlen.
1, rue commines, 3. arr., www.lemaryceleste.com, telefon: 09 80729883, geöffnet: täglich 18.00-23.30, preis: cocktail 12 €, austern 2-5 € (pro stück), u-bahn: filles de calvaire

Shoppen

(2) Wer den Laden **Baobab** betritt, ist erst einmal von der Farbenvielfalt überwältigt. Hier gibt es alles für zu Hause: Kissen, Bezüge, Taschen, Service, Lampenschirme und vieles mehr. Sogar Kleidung, natürlich in allen möglichen Farben, wird angeboten.
2, rue du jour, 1. arr., www.baobab-home.fr, telefon: 09 84157947, geöffnet: mo 14:30-19:30, di-sa 10:30-19:30, u-bahn: saint-etienne oder les halles

(5) In diesem Abschnitt der Rue Tiquetonne befinden sich einige interessante Männermodeläden. Das kleine, sympathische **Royalcheese** verkauft neben Schuhen und Kappen auch Jeans von unterschiedlichen Marken wie Selvedge, Edwin oder Woolrich.
22-24, rue tiquetonne, 2. arr., www.royalcheese.com, telefon: 01 42213065, geöffnet: mo-sa 11.00-20.00, u-bahn: reaumur sebastopol oder etienne marcel

(6) Lust auf einen leckeren, gesunden Snack? Dann schauen Sie doch mal im **L'Amoncel** vorbei. Eröffnet wurde der Laden für Nüsse aller Art im Herbst 2013. In Nullkommanichts sprach sich die Qualität des Neulings herum, und seitdem rennen die Pariser hier die Tür ein. Das Besondere: Die Nüsse werden vor Ort geröstet und/oder gesalzen. Probieren Sie auch das Trockenobst oder die köstlichen Schokoladen und gönnen Sie sich eine Tasse Kaffee dazu.
1, rue etienne marcel, 1. arr., www.lamoncel.com, telefon: 01 40130652, geöffnet: mo-sa 10.00-20.30, u-bahn: etienne marcel

(7) Die Atelier-Boutique **Le Petit Atelier de Paris** ist die Adresse für wunderbare, handgefertigte Gebrauchsgegenstände aus Keramik. Ob Schüsseln, Tassen oder Schalen – sie alle sind gleich schön. Das französisch-japanische Inhaberpaar stellt alle Stücke vor Ort im seinem Atelier her, was auch die eingeschränkten Öffnungszeiten (Donnerstag bis Samstag) erklärt.
31, rue de montmorency, 3. arr., lepetitatelierdeparis.blogspot.com, telefon: 01 44549140, geöffnet: do-sa 13.00-19.00, u-bahn: rambuteau

ROYALCHEESE ⑤

⑫ **BHV**, Bazar de l'Hôtel de Ville, ist nicht irgendein schnödes Kaufhaus, sondern eine wahre Fundgrube. Der Keller ist ein Eldorado für *bricoleurs* (Heimwerker), denn die Auswahl an Schrauben, Muttern und Bolzen ist gigantisch. Und dann gibt es noch sieben weitere Stockwerke!
35, rue de la verrerie, 4. arr., www.bhv.fr, telefon: 01 42749000, geöffnet: mo-di, do-sa 9.30-20.00, mi 9.30-21.00, u-bahn: hôtel de ville

⑭ **Mariage Frères** ist ein guter Tipp für alle, die gerne Tee trinken und Törtchen schlemmen. Wer den Tee lieber mit nach Hause nehmen will, kann an den über 100 Teesorten jederzeit schnuppern und dann seinen Lieblingstee auswählen. Schöne Tassen und Teekannen gibt es ebenfalls.
30, rue du bourg-tibourg, 4. arr., www.mariagefreres.com, telefon: 01 42722811, geöffnet: täglich 10.30-19.30, u-bahn: saint-paul oder hôtel de ville

(21) Das **Petit Pan** strotzt nur so vor knalligen Farben. Die originelle Auswahl an bezaubernden Kindersachen, Kissen und Stoffen macht einfach gute Laune. Vor allem die Lampions und Mobiles sind echte Hingucker. Witzig: die vielen Gläser voller Knöpfe und allerlei Schnickschnack.
37, 39 & 76 rue françois miron, 4. arr., www.petitpan.com, telefon: 01 44549084, geöffnet: di-sa 10.30-19.30, u-bahn: saint-paul

(25) **Le Salon by Thé des Écrivains** kombiniert eine Buchhandlung mit einem Teesalon. Hier können Sie Ihren Lieblingstee aus neun verschiedenen Sorten auswählen, ein Törtchen dazu bestellen und sich ein Buch schnappen. Der ideale Ort, um in aller Ruhe zu entspannen.
16, rue des minimes, 3. arr., www.thedesecrivains.com, telefon: 01 40294625, geöffnet: di-so 11.30-19.30, preis: tee mit kuchen 10 €, u-bahn: saint-paul

(26) Fast jeder Franzose, ob jung oder alt, hat Turnschuhe von Bensimon im Schrank stehen. Der Concept-Store der beliebten Marke **Home Autour du Monde** verkauft sie in allen möglichen Varianten und Größen, präsentiert wird auch die Kleidungskollektion von Bensimon. Zudem gibt es eine großartige Auswahl an Möbeln, Einrichtungsaccessoires und Geschenkartikeln.
8, rue des francs bourgeois, 3. arr., www.bensimon.com, telefon: 01 42770608, geöffnet: mo 11.00-19.00, di-sa 10.30-19.00, so 11.00-19.00, u-bahn: saint-paul

(31) **L'Habilleur** verkauft Kleidung der letzten Saison, teilweise bis zur Hälfte reduziert. Im Angebot sind Labels wie Olivier Strelli, Martine Sitbon, Patrick Cox, Dice Kayek und andere. Ideal für Schnäppchenjäger.
44, rue de poitou, 3. arr., www.lhabilleur.fr, telefon: 01 48877712, geöffnet: mo-sa 12.00-19.30, u-bahn: saint-sébastien froissart

(36) **Bonton** ist ein Kinderparadies: drei Etagen voller Kleidung, Accessoires, Möbel und anderer schöner Dinge. Und einen Kinderfriseur gibt es auch.
5, boulevard des filles du calvaire, 3. arr., www.bonton.fr, telefon: 01 42723469, geöffnet: mo-sa 10.00-19.00, u-bahn: filles du calvaire

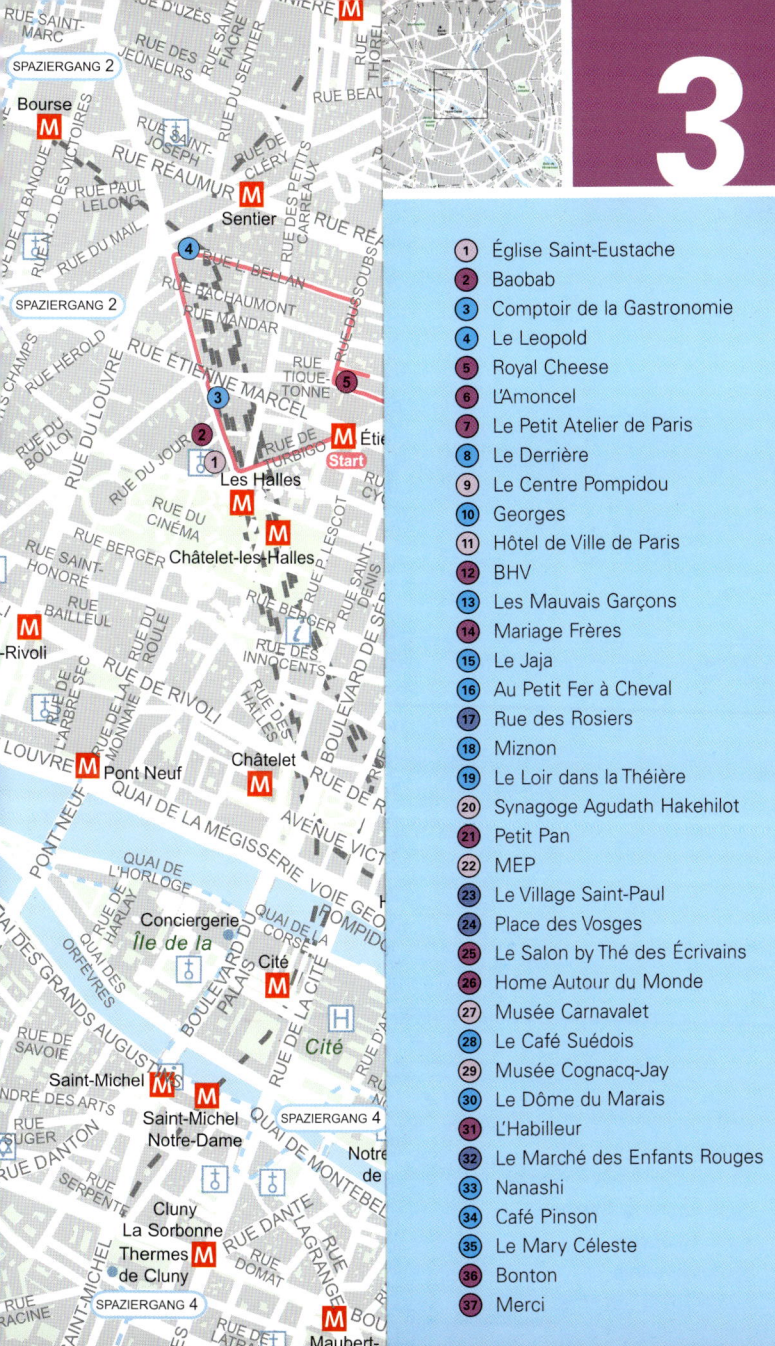

Notre-Dame, Quartier Latin & Saint-Germain-des-Prés

Inselzauber und Studentenflair

Im Herzen der Stadt und umgeben vom grüngrauen Wasser der Seine liegen die Inseln Île de la Cité und Île Saint-Louis. Die Île de la Cité wird von der prachtvollen Kirche Notre-Dame beherrscht. Auf dem Platz vor der Kathedrale ist eine bronzene Kompassrose in das Straßenpflaster eingelassen: der sogenannte *point zéro* (Nullpunkt). Diese Stelle gilt als Zentrum der Stadt und bildet seit 1769 den Punkt, von dem aus alle Wege von und nach Paris gemessen werden. Dass dieser Punkt sich auf der Île de la Cité befindet, ist kein Zufall. Schließlich ist die schiffsförmige Seine-Insel der älteste Teil der Stadt. Von hier aus breitete sich Paris ab dem 3. Jahrhundert auf beiden Seiten der Seine ringförmig aus. Die Brücke Pont Saint-Louis verbindet die Île de la Cité mit der Île Saint-Louis.

Am Südufer der Seine liegt das Quartier Latin, ein wunderbares Stückchen Alt-Paris, in dem sogar Spuren römischer Niederlassungen entdeckt wurden. Seinen faszinierenden Charakter verdankt das Quartier Latin der Ausbreitung

des Christentums, der prestigeträchtigen Sorbonne-Universität und den später gegründeten Grandes Écoles. Diese Hochschulen liegen rund um den Hügel Montagne Sainte-Geneviève, der nach der Schutzpatronin der Stadt benannt wurde. Der Hügel, auf dem sich auch das Panthéon befindet, markiert den höchsten Punkt des linken Seineufers.

Am südlichen Fuß des Hügels, an der Place de la Contrescarpe und in der Rue Mouffetard, einer der ältesten Straßen von Paris, gibt es zahlreiche Cafés und Restaurants. Die Rue Mouffetard versprüht mit den vielen Marktständen und alten Häusern eine einmalig schöne Atmosphäre und ist auch bei Studenten sehr beliebt. Das erklärt auch, warum hier abends oft sehr viel los ist.

Eine idyllische grüne Oase ist Jardin des Plantes, der botanische Garten, der 1626 im Auftrag von Ludwig XIII. für den Anbau von Heilkräutern angelegt wurde. Hier kann man schöne alte Gewächshäuser, mit viel Liebe angelegte Blumenbeete, ein interessantes Kakteenhaus, einen Zoo und wunderbare Museen bestaunen.

6 Insider-Tipps

Place Dauphine

Die Stille im Herzen
von Paris genießen.

Berthillon

Das berühmte
Eis probieren.

La Mosquée de Paris

Einen Minztee
trinken.

Rue Mouffetard

Durch eine der
ältesten Straßen der
Stadt bummeln.

Jardin du Luxembourg

Auf einem Luxembourg-
Stuhl Pause machen.

Café de Flore

In einem der
berühmtesten Cafés
von Paris Kaffee trinken.

 Sehenswürdigkeiten

Shoppen

 Essen & Trinken

Paris live

37 Merci, ein Concept-Charity-Store im Marais, spendet einen Teil seiner Einnahmen für Kinder in Madagaskar. Das kleine Warenhaus verkauft originelle Kleidung, Dekorationsartikel, Küchenutensilien und Möbel – hip, aber nachhaltig. Im Untergeschoss liegt das Restaurant La Cantine Merci, in dem man gut zu Mittag essen kann, und im Erdgeschoss können Besucher im Used Book Café einen Kaffee trinken. Eine Tür weiter befindet sich das Merci Cinema Café und in Hausnummer 91, also noch ein Stück weiter, liegt die hauseigene Pizzeria Grazie.

111, boulevard beaumarchais, 3. arr., www.merci-merci.com, telefon: 01 42770033, geöffnet: mo-sa 10.00-19.00, u-bahn: saint-sebastien froissart

Paris live

⑰ Die **Rue des Rosiers** ist eine lebhafte Straße mit zahlreichen jüdischen Lokalen, in denen sich die Pariser am Wochenende unter anderem mit Falafel eindecken. Die Auswahl ist riesengroß. Wer sich irgendwo hinsetzen möchte, kann versuchen, einen Tisch bei Chez Marianne an der Ecke zur Rue des Hospitalières-Saint-Gervais zu ergattern.
rue des rosiers, 4. arr., geöffnet: täglich 12.00-0.00, u-bahn: saint-paul

㉓ Das kleine Dorf **Village Saint Paul** wurde in der Zeit erbaut, als das Marais renoviert wurde. Es ist ein von Häusern umgebenes Labyrinth aus Innenhöfen mit Galerien, Buch- und Antikläden, Restaurants und Cafés. In dieser – von der Außenwelt nahezu abgeschnittenen – Umgebung herumzuschlendern ist ein wahrer Genuss.
le village saint-paul, zwischen quai des celestins, rue saint-paul und rue charlemagne, 4. arr., www.levillagesaintpaul.com, geöffnet: täglich 11.00-19.00, u-bahn: saint-paul oder pont marie

㉔ Für viele ist die **Place des Vosges** der schönste Platz der ganzen Stadt. Das Marais war früher eine beliebte Wohngegend der Aristokratie und der Bourgeoisie. Dies brachte König Heinrich IV. 1605 auf die Idee, in diesem Viertel einen von 36 Wohnhäusern umgebenen, rechteckigen Park anlegen zu lassen. Viele berühmte Franzosen zog es hierher: Kardinal Richelieu wählte Hausnummer 21 und der Schriftsteller Victor Hugo Hausnummer 6. Die vielen Bänke und gemütlichen Straßencafés sind ideal, um eine Pause einzulegen.
place des vosges, 4. arr., u-bahn: saint-paul oder bastille

㉜ Der **Marché des Enfants Rouges** ist der älteste Markt der Stadt. Seinen Namen verdankt er dem Waisenhaus, das hier einst stand und in dem alle Kinder rote Kleidung trugen. In der Markthalle bieten etwa 20 Händler fast täglich allerlei frische Produkte an. Die Pariser und alle anderen Besucher des Marktes genießen es, nach einem Einkauf in einem der vielen Lokale zu frühstücken, zu Mittag oder zu Abend zu essen.
39, rue de bretagne, 3. arr., geöffnet: di-do 8.30-13.00 & 16.00-19.30, fr & sa 8.30-13.00 & 16.00-20.00, so 8.30-14.00, u-bahn: filles du calvaire

Les Halles & Le Marais

S P A Z I E R G A N G   3   (ca. 8 km)

Los geht es bei der U-Bahn-Station Etienne Marcel. Der Rue de Turbigo folgen und dann rechts in die Rue Montmartre (1); in der zweiten Straße links finden Sie nette Läden (2). Der Rue de Montmartre (3) weiter folgen und rechts in die Rue L. Bellan (4) abbiegen. Dann rechts in die Rue Dussoubs, links liegt die Passage du Grand Cerf. Dann links in der Rue de Tiquetonne Männermode (5) kaufen. Rechts die Rue de Turbigo überqueren, um links einen Snack (6) zu essen. Dann links in der Rue Beaubourg Keramik (7) bewundern und einen Tisch für abends reservieren (8). Oder gleich rechts der Rue Rambuteau folgen und am Ende rechts abbiegen. Links sehen Sie das Centre Pompidou (9) (10). Am Springbrunnen vorbei rechts in die Rue du Renard einbiegen und dieser bis zum Hôtel de Ville (11) folgen. Danach in die Rue du Temple und rechts in die Rue de la Verrerie (12) gehen; in der zweiten Straße rechts befindet sich ein Restaurant (13). Der Rue de la Verrerie folgen und links in der Rue Bourg Tibourg Tee (14) einkaufen. Am Ende der Straße rechts gehen. Nach den Restaurants (15) (16) erst links und dann gleich rechts in die Rue des Rosiers einbiegen (17). In der ersten Straße rechts den besten Pitabäcker der Stadt (18) besuchen. Der Rue des Rosiers bis zum Ende folgen (19) und rechts in die Rue Pavée (20) spazieren. Die verkehrsreiche Straße Richtung U-Bahn-Station Saint Paul überqueren und in der Rue François Miron Kindersachen kaufen (21) oder links in der Rue de Fourcy eine Foto-Ausstellung (22) besuchen. Richtung Rue Charlemagne gehen und links (23) abbiegen. Am Ende der Straße links gehen und dann rechts in die Rue de Rivoli. Weiter geht es links über die Rue de Brague Richtung Place des Vosges (24). Geradeaus gehen und in der zweiten Straße links eine Buchhandlung mit Teesalon (25) aufsuchen. Links abbiegen und die erste Straße rechts nehmen (26) (27) (28). In der Rue Payenne wartet ein schwedisches Mittagessen. Kein Hunger? Dann Richtung Rue Elzevir weitergehen, um ein Museum zu besuchen (29). Zurückgehen und an einem Restaurant (30) vorbei Richtung Rue des Archives gehen. Hier die erste Straße rechts nehmen und dann links die Rue Charlot mit den Outlets (31), der Markt-halle (32) und guten Lokalen (33) (34) durchqueren. Danach der Rue de Normandie bis zur Rue de Turenne folgen und schräg links in die Rue de Foissart einbiegen (35) (36). Am Boulevard Beaumarchais finden Sie rechts einen tollen Laden (37).

Sehenswürdigkeiten

(2) Die **Conciergerie** war das erste Gefängnis von Paris, in dem unter anderem der Revolutionär Georges Danton inhaftiert war. Weitere berühmte Gefangene waren Marie-Antoinette und Robespierre. Ihre Zellen wurden zu Gedenk-kapellen umgebaut, die man besichtigen kann.
2, boulevard du palais, 1. arr., conciergerie.monuments-nationaux.fr, telefon: 01 53406080, geöffnet: täglich 9.30-18.00, eintritt: 8,50 €, u-bahn. cité

(3) Die **Sainte-Chapelle** wurde vom französischen König Ludwig IX. erbaut, um die Dornenkrone und einen Teil des heiligen Kreuzes von Jesus Christus aufzubewahren. Die Kathedrale hat zwei Kapellen: eine Unterkapelle für die Bediensteten und eine Oberkapelle für die Königsfamilie. Die prächtigen Bunt-glasfenster sind einmalig schön und von großer kunsthistorischer Bedeutung.
8, boulevard du palais, 1. arr., sainte-chapelle.monuments-nationaux.fr, telefon: 01 53406080, geöffnet: märz-okt. täglich 9.30-18.00, nov.-febr. täglich 9.00-17.00, eintritt: 8,50 €, u-bahn: cité

(6) Im Inneren der eindrucksvollen gotischen Kirche **Notre-Dame de Paris** kann man neben zahlreichen Buntglasfenstern und Statuen auch eine der größten Orgeln der Welt bestaunen. Interessantes Detail: Hier setzte sich Napoleon einst selbst die Kaiserkrone auf. Obwohl die Kirche meistens völlig überlaufen ist, lohnt es sich, einen kurzen Blick hineinzuwerfen.
6, parvis de notre-dame, 4. arr., www.notredamedeparis.fr, telefon: 01 42345610, geöffnet: mo-fr 8.00-18.45, sa-so 8.00-19.15, eintritt: frei, u-bahn: cité oder saint-michel

(8) Am Gebäude des **Institut du Monde Arabe**, das in den 1980er-Jahren von Jean Nouvel entworfen wurde, befinden sich Tausende kleiner, arabesken-förmiger Metallblenden, die sich je nach Lichteinfall öffnen und schließen. Im Museum selbst treffen Besucher auf eine beeindruckende Sammlung von zeitgenössischen Kunstgegenständen, religiösen kalligrafischen Werken und Musikinstrumenten arabischer Herkunft. Vom Restaurant und von der Terrasse im oberen Stockwerk aus hat man einen schönen Blick über Paris.
1, rue des fossés saint-bernard, 5. arr., www.imarabe.org, telefon: 01 40513838, geöffnet: di-do 10.00-18.00, fr 10.00-21.30, sa-so 10.00-19.00, eintritt: 8 €, u-bahn: jussieu

(11) Die **Arènes de Lutèce** gelten als ältestes Gebäude von Paris. Die Tribünen dieses Amphitheaters boten etwa 15.000 Zuschauern Platz, die durch 41 Eingänge hineinströmen konnten.

47, rue monge, 5. arr., telefon: 01 45350256, geöffnet: täglich sommer 9.00-21.30, winter 8.00-19.30, eintritt: frei, u-bahn. cardinal lemoine

(13) In der Grande Galerie des **Muséum National d'Histoire Naturelle** erfahren Besucher alles über die Evolution und das Verhältnis von Mensch und Natur. In diesem wunderschön renovierten Bauwerk aus Glas und Metall ist auch eine einzigartige Sammlung präparierter Tiere zu sehen.

57, rue cuvier, 5. arr., www.mnhn.fr, telefon: 01 40795479, geöffnet: mi-mo 10.00-18.00, eintritt: 7 €, u-bahn: censier-daubenton, austerlitz oder jussieu

(20) Das monumentale Gebäude des **Panthéon** auf dem Sainte-Geneviève-Hügel ist eines der Meisterwerke des Architekten Soufflot. Die einstige Kirche wurde nach der Französischen Revolution in eine Gedenkstätte verwandelt und ist die letzte Ruhestätte von unter anderem Voltaire, Rousseau, Hugo und Zola.

place du panthéon, 5. arr., pantheon.monuments-nationaux.fr, telefon: 01 44321800, geöffnet: täglich apr.-sept. 10.00-18.30, okt.-märz 10.00-18.00, eintritt: 7,50 €, u-bahn: cardinal lemoine

(23) Im einstigen **Musée de Cluny**, das heute **Musée National du Moyen Âge** (Mittelalter-Museum) heißt, ist ein sechsteiliger Wandteppich – *die Dame mit dem Einhorn* – ausgestellt, den man unbedingt ansehen sollte, denn er ist ein wunderbares Beispiel für den Millefleurs-Stil.

6, place paul painlevé, 5. arr., www.musee-moyenage.fr, telefon: 01 53737816, geöffnet: mi-mo 9.15-17.45, eintritt: 8 €, u-bahn: cluny-la sorbonne, saint-michel oder odéon

(29) Das **Musée national Eugène Delacroix** befindet sich im einstigen Wohnhaus des berühmten Malers. Das Atelier des Künstlers vermittelt einen wunderbaren Einblick in dessen Leben und in die Kunstrichtung, der er angehörte: der Romantik. Wer keine Lust auf Museum hat, sollte weiterlaufen und der etwas versteckten Place de Furstenberg ganz in der Nähe einen Besuch abstatten.

6, rue de furstenberg, 6. arr., www.musee-delacroix.fr, telefon: 01 44418650, geöffnet: mi-mo 9.30-17.00, eintritt: 6 €, u-bahn: saint-germain-des-prés oder mabillon

INSTITUT DU MONDE ARABE ⑧

Essen & Trinken

(5) Bezüglich **Aux Trois Mailletz** scheiden sich die Geister: Manche finden es toll, andere überhaupt nicht. Das Lokal ist auf jeden Fall schon lange ein Hotspot, und das vor allem wegen der tollen Atmosphäre und des Unterhaltungswerts – das Essen ist eher durchschnittlich. Oben kann man sich einen Drink bestellen und Pianomusik lauschen, im Untergeschoss Live-Auftritte erleben oder tanzen. Hier weiß man vorher nie genau, wie der Abend verlaufen wird.

56, rue galande, 5. arr., www.lestroismailletz.fr, telefon: 01 43540079, geöffnet: täglich pianobar ab 18.00, cabaret 20.30-5.00, restaurant 19.00-5.00, preis: 25 €, u-bahn: cité oder saint-michel

(7) Eis ist in Frankreich weniger gefragt als in Italien. Aber Ausnahmen bestätigen die Regel, und **Berthillon** ist eine äußerst empfehlenswerte Ausnahme. Hier gibt es köstliche Eisbecher, gefüllt mit dem besten Eis der Stadt. Dafür lohnt sich sogar das unvermeidliche Anstehen.

31, rue saint louis en l'ile, 4. arr., www.berthillon.fr, telefon: 01 43543161, geöffnet: mi-so 10.00-20.00, u-bahn: pont marie

(16) Das Publikum hier ist genauso bunt gemischt wie im Rest des Stadtteils: Marktbesucher, Personal der benachbarten Geschäfte, Studenten und auch Touristen - hier fühlt sich anscheinend jeder wohl. **Le Mouffetard** ist eine typische *bar de quartier* (Stadtviertelkneipe). Ideal, um die Leute und das Treiben in der Rue Mouffetard zu beobachten.

116, rue mouffetard, 5. arr., telefon: 01 43314250, geöffnet: di-sa 7.30-12.30, so 7.30-19.00, aug. geschlossen, preis: 15 €, u-bahn: cardinal lemoine

(19) Ernest Hemingway nannte das Café des Amateurs "die Kloake der Rue Mouffetard". Inzwischen ist es als **Café Delmas** wiederauferstanden und bei Schülern und Studenten ungemein beliebt. Die Terrasse ist riesig und der beste Ort, um das einmalige Flair des Viertels aufzusaugen.

2, place de la contrescarpe, 5. arr., www.cafedelmasparis.com, telefon: 01 43265126, geöffnet: mo-do & so 7.30-2.00, fr-sa 7.30-4.00, preis: 18 €, u-bahn: cardinal lemoine

AUX TROIS MAILLETZ ⑤

㉑ Jeder gegenwärtige oder ehemalige Pariser Student kennt **Le Crocodile**. Die kleine, dunkle Cocktailbar ist ein Traditionslokal. Den Gästen wird ein Platz auf einer der Schulbänke zugewiesen. Anschließend kann man aus 365 verschiedenen Cocktails wählen, die vor Ort gerührt oder geschüttelt werden. Die Überraschung befindet sich ganz unten im Glas: ein süßes Krokodil. Im Le Crocodile ist es so gemütlich, dass man schnell die Zeit vergisst und stundenlang mit seinen Nachbarn plaudert.

6, rue royer-collard, 5. arr., telefon: 01 43543237, geöffnet: mo-sa 18.00-1.30, preis: cocktail 12 €, u-bahn: place monge

(27) In der schönsten Straße des Viertels liegt ein wenig versteckt **La Jacobine**. Ob Mittagessen, Tee mit etwas Süßem, Brunch oder Dinner, das nostalgisch anmutende, sehr angenehme Lokal ist zu jeder Tageszeit empfehlenswert und bietet französische Traditionsgerichte. Kein Wunder, das auch immer mehr Touristen den Weg hierher finden.

59, rue saint-andré des arts, 6. arr., telefon: 01 46341595, geöffnet: di-so 12.00-23.00, mo 19.00-23.00, preis: 18 €, u-bahn: odéon

(28) Von der Terrasse der **Bar du Marché** aus kann man wunderbar das Treiben auf den Straßen beobachten. Das Café liegt an der Ecke zur Rue de Buci, einer gemütlichen und lebhaften Marktstraße. Interessantes Outfit: Die Kellner tragen blaue Overalls und Baskenmützen.

75, rue de seine, 6. arr., telefon: 01 43265515, geöffnet: täglich 8.00-2.00, preis: 15 €, u-bahn: mabillon oder odéon

(30) Nur wer im **Café de Flore** einen Kaffee getrunken hat, kann behaupten, Saint-Germain-des-Prés wirklich erlebt zu haben. Denn die Geschichte dieses Cafés ist nahezu greifbar. Hier gingen Existenzialisten wie Jean-Paul Sartre und Simone de Beauvoir, Künstler wie Pablo Picasso und Autoren wie André Breton ein und aus.

172, boulevard saint-germain, 6. arr., www.cafedeflore.fr, telefon: 01 45485526, geöffnet: täglich 7.00-2.00, preis: lunch 18 €, u-bahn: saint-germain-des-prés

(31) Wie der Name vermuten lässt, dreht sich bei **Eggs & Co**, das übrigens nur tagsüber geöffnet hat, alles um Eier. Ei mit Lachs, Muffin mit Ei, Ei im Salat, ein gekochtes Ei, Spiegelei – Variationsmöglichkeiten gibt es genug. Auch das Interieur passt dazu: überall Hühner, Küken, Eier, Gras …

11, rue bernard palissy, 6. arr., www.eggsandco.fr, telefon: 01 45440252, geöffnet: täglich 10.00-18.00, preis: 15 €, u-bahn: saint-germain-des-prés

(34) In diesem französischen Bistro trifft man Pariser und Touristen gleichermaßen an. **Epi du Pin** ist ein gemütliches Lokal, in dem man wunderbar mit Freunden ein gutes Essen genießen kann. Das Preis-Leistungs-Verhältnis ist ausgezeichnet, die Speisekarte wechselt regelmäßig.

11, rue dupin, 6. arr., www.epidupin.com, telefon: 01 42226456, geöffnet: di-fr 12.00-15.00 & 19.00-23.00, mo 19.00-23.00, preis: 28 €, u-bahn: sèvres babylone

Shoppen

(10) Wer Süßigkeiten liebt, für den ist **Le Bonbon au Palais** ein Paradies. Der Laden ist voll mit großen Glasbehältern, in denen Süßigkeiten aller Art auf ihre Käufer warten. Während Sie eine Kostprobe zum Beispiel von den süßen, aus natürlichen Zutaten hergestellten Veilchen nehmen, erzählt Ihnen der begeisterte Inhaber gern, woher das Naschwerk stammt und was daran so besonders ist.

19, rue monge, 5. arr., www.bonbonsaupalais.fr, telefon: 01 78561572, geöffnet: di-sa 11.00-19.30, u-bahn: cardinal lemoine

(15) Die Inhaber der **Maison Franco-Orientale** beschreiben ihr Geschäft als einen Souk, einen marokkanischen Markt. Hier finden Sie orientalische Schätze wie handgefertigten Schmuck, Teegläser aus Afghanistan oder eine große Auswahl an nordafrikanischen Schuhen, die sogenannten Babouches.

19, rue daubenton, 5. arr., telefon: 01 47070757, geöffnet: täglich 10.30-20.00, u-bahn: place monge oder censier-daubenton

(18) Bei **L'Epée de Bois** zu stöbern, macht einfach Spaß. Nicht nur, weil die Inhaber Rémi und Geneviève so umwerfend freundlich sind, sondern auch, weil man in die farbenfrohe und fantasievolle Welt der Kleinkinder eintauchen kann. Denn hier gibt es tolles, selbstgemachtes Spielzeug. Unser Favorit: das kleine rote Feuerwehrauto eines korsischen Künstlers.

12, rue de l'épée de bois, 5. arr., telefon: 01 43315018, geöffnet: mo 13.30-19.30, di-sa 10.30-19.30, so 11.00-13.30, u-bahn: place monge oder censier-daubenton

(25) In der französischen Modewelt ist **Agnès b** jedem ein Begriff, und die bequeme, stilvolle Kleidung darf in keinem Pariser Kleiderschrank fehlen. Die Boutique Agnès b femme und homme präsentiert die eigenen Kreationen in einer schicken Atmosphäre.

6, rue du vieux colombier, 6. arr., telefon: 01 44390260, geöffnet: im sommer mo-sa 10.30-19.30, im winter mo-sa 10.00-19.00, u-bahn: saint-sulpice

33

The Art of the American Snapshot 1888–1978

William Eggleston BEFORE COLOR

LIVING IN STYLE PARIS

CK EYE

33

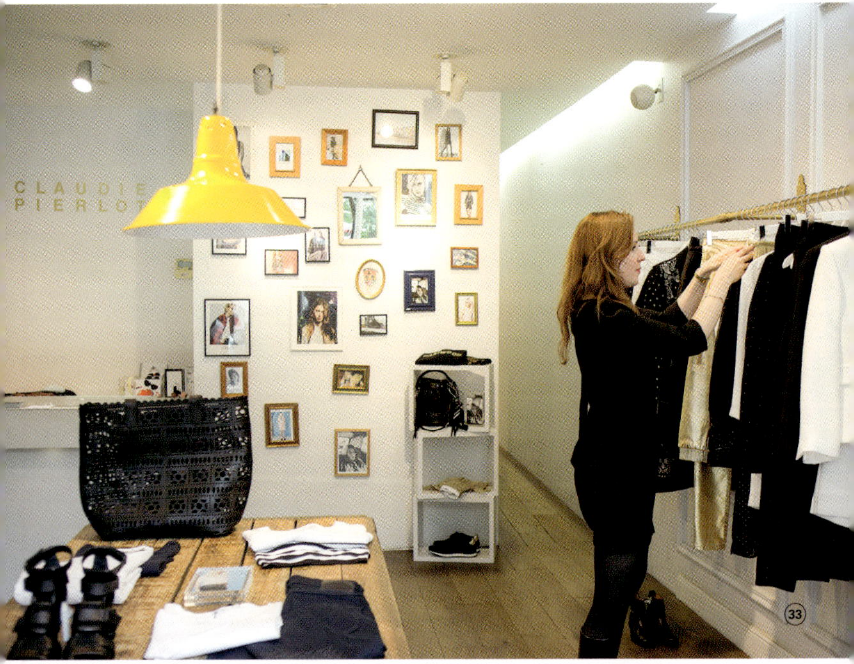

33

(26) **Zadig & Voltaire** starteten 1996 mit einem kleinen Laden im Marais. Inzwischen hat diese Haute-Couture-Marke in Paris einen wahren Kultstatus erreicht, und gleich mehrere Filialen öffneten ihre Türen. Die edlen Kaschmir-pullover in den unterschiedlichsten Farben sind einfach unwiderstehlich weich und schön.

1-3, rue du vieux colombier, 6. arr., www.zadig-et-voltaire.com, telefon: 01 45483937, geöffnet: mo-sa 10.30-19.30, u-bahn: saint-sulpice

(32) In der schicken Rue de Grenelle gibt es viele Shops voller Designer-Schuhe. Schauen Sie unbedingt mal bei **Iris** vorbei: In einem schlichten Ambiente werden Schuhe von angesagten Designern wie Marc Jacobs, Viktor&Rolf, Chloé und Veronique Branquinho präsentiert.

28, rue de grenelle, 7. arr., www.irisshoes.com, telefon: 01 42228981, geöffnet: mo-sa 11.00-19.00, u-bahn: saint-sulpice oder rue du bac

(33) Bei **Claudie Pierlot** findet man ausgefallene Kleidung in verschiedenen Preiskategorien. Ob hip oder stilvoll, bunt oder schwarz-weiß – für jeden Ge-schmack ist etwas dabei. Übrigens: Es gibt 25 Claudie-Pierlot-Läden in Paris.

23, rue du vieux colombier, 6. arr., www.claudiepierlot.com, telefon: 01 45481196, geöffnet: mo-sa 10.30-19.30, u-bahn. saint-sulpice

Paris live

(1) Die **Place Dauphine** hinter dem Justizpalast ist ein wunderbarer Platz zum Relaxen. Die monumentalen Gebäude halten den Lärm der Stadt fern, und im Sommer sorgen Bäume für angenehmen Schatten. Auf dem Platz stehen zahlreiche Bänke, die regelrecht dazu einladen, sich hinzusetzen, ein Buch zu lesen oder eine Partie Boule zu verfolgen.
place dauphine, l'Île de la cité, 1. arr., u-bahn: pont neuf

(4) Um die Insel **Île de la Cité** herum breitete sich mit der Zeit die Weltstadt Paris aus. Einst bestand sie aus zwei unbewohnten Inseln: der Île aux Vaches ("Insel der Kühe") und der Île Notre-Dame, die zur Kathedrale gehörte. Am Anfang des 17. Jahrhunderts wurden beide Inseln von Christophe Marie miteinander verbunden, und schon um 1664 waren sie vollständig bebaut.
4. arr., u-bahn: cité

(9) Das 1934 eröffnete Hallenbad **Piscine Pontoise** ist eines von vieren in Frankreich, die nach Plänen von Lucien Pollet errichtet wurden. Seit 1981 gehört es zum nationalen Kulturerbe. Im ersten und zweiten Stock befinden sich die Umkleidekabinen mit den blauen Türen, die ein gewisses Retro-Flair verströmen. Da das Hallenbad nicht durchgehend geöffnet ist, sollte man sich vor dem Besuch über die Öffnungszeiten informieren.
19, rue de pontoise, 5. arr., equipement.paris.fr/piscine-pontoise-2918, telefon: 01 55427788, geöffnet: mo-fr 7.00-8.30 & 12.15-13.30 & 16.30-19.00 & 20.15-23.45, sa 10.00-19.00, so 8.00-19.00, eintritt: tagsüber 5 €, abends 11 €, u-bahn: maubert mutualité

(12) Der wunderschöne **Jardin des Plantes** ist ein Muss für Gartenliebhaber. Man kann hier durch den botanischen Garten und die Rosengärten schlendern oder die Gewächshäuser (serres), den Zoo, den Spielplatz besuchen.
57, rue cuvier, 5. arr., www.jardindesplantes.net, telefon: 01 40795601, geöffnet: garten täglich im sommer 7.30-20.00, im winter 8.00-17.30, gewächshäuser im sommer mi-mo 10.00-18.00, im winter 10.00-17.00, eintritt: garten frei, gewächshäuser 6 €, u-bahn: censier-daubenton oder austerlitz

(14) Die **Mosquée de Paris** ist ein 1922 erbautes Denkmal für die vielen Muslime, die während des Ersten Weltkrieges gefallen sind. Die Moschee kann auch besichtigt werden: Verwöhnen Sie Körper und Seele im Hamam oder besuchen Sie den Gebetsraum (vergessen Sie aber nicht, am Eingang die Schuhe auszuziehen). Außerdem beherbergt die Moschee eine ausgezeichnete Teestube, in der es köstlichen Minztee, eine große Auswahl an arabischen Süßigkeiten und anderen Leckereien gibt. Wer großen Hunger hat, kann im Restaurant gut speisen.

2 bis, place du puits de l'ermite, 5. arr., www.mosquee-de-paris.net, telefon: 01 45359733, geöffnet: täglich 9.00-12.00 & 14.00-18.00, restaurant 12.30-15.00 und 19.30-0.00, teesalon 9.00-0.00, hammam exkl. für frauen mi-mo 10.00-21.00, u-bahn: place monge

(17) Die alte Straße **Rue Mouffetard** stammt noch aus der Römerzeit. Wegen der Nähe zum Fluss Bièvre befanden sich hier im Mittelalter vor allem kleine Handwerksbetriebe. Achten Sie mal auf die vielen alten Fassadenverzierungen, zum Beispiel das Flachrelief an dem Haus mit der Nummer 122 oder die Malereien von Haus Nr. 134. Auch der berühmte Morgenmarkt an der Église Saint-Médard existiert schon sehr lange, nämlich seit dem 7. Jahrhundert. Hier verkaufen Erzeuger aus der Region ihre Waren – frisches Obst, Gemüse und Käse. Auch die vielen Cafés und Restaurants verleihen dieser Straße eine einzigartige Atmosphäre.

rue mouffetard, 5. arr., geöffnet: markt mi, fr & so 8.00-14.00, u-bahn: place monge

(22) Das unabhängige **Cinéma du Panthéon** ist eines der ältesten Kinos von Paris. Hier kann man aber nicht nur einen Film anschauen, sondern auch etwas trinken gehen oder im Restaurant Le Salon, das von niemand Geringerem als Catherine Deneuve eingerichtet wurde, eine Kleinigkeit essen. Leider hat es nur unter der Woche geöffnet.

13, rue victor cousin, 5. arr., www.whynotproductions.fr, telefon: 01 40460121, geöffnet: le salon mo-fr 12.00-19.00, u-bahn: luxembourg oder cluny-la sorbonne

LE JARDIN DU LUXEMBOURG ㉔

㉔ Der **Jardin du Luxembourg** ist eine wunderbare, bei den Parisern beliebte grüne Oase zum Relaxen, Spielen und Spazieren. In diesem Park, in dem überall die bekannten Luxembourg-Stühle stehen, liegt auch das sehenswerte Palais du Luxembourg, das zwischen 1615 und 1627 für Maria de' Medici erbaut wurde und heute Sitz des französischen Senats ist.

rue de vaurigard / boulevard saint-michel, 6. arr., www.senat.fr/visite/jardin, telefon: 01 42342362, geöffnet: von sonnenaufgang bis sonnenuntergang, eintritt: frei, rer: luxembourg, u-bahn: odéon

Notre-Dame, Quartier Latin & Saint-Germain-des-Prés

SPAZIERGANG 4 (ca. 11,5 km)

Von der U-Bahn-Station Pont Neuf aus geht es über die Brücke zur Insel. Zwischen den beiden Häusern links in die Rue H. Robert Richtung Place Dauphine einbiegen (1). Links dem Quai de l'Horloge folgen, rechts in den Boulevard du Palais gehen (2)(3), um zur l'Île de la Cité (4) zu gelangen. Die Brücke Pont Saint-Michel überqueren, links zur nächsten Brücke spazieren. Rechts in der Rue du Petit Pont finden Sie einen Pariser Hotspot (5). Über die Rue Saint-Julien und den Pont au Double geht es Richtung Notre-Dame (6). Rückseitig vorbei Richtung Île Saint-Louis gehen, um das beste Eis der Stadt zu kosten (7). Über den Pont de la Tournelle gelangen Sie wieder aufs "Festland". Links befindet sich das Institut du Monde Arabe (8). Zurück zum Quai de la Tournelle und links in die Rue Pontoise (9). Am Ende der Straße rechts in die Rue Monge, der Straße folgen, unterwegs Süßigkeiten kaufen (10) und das Amphitheater (11) besuchen. Dann in die Rue des Arènes, die Rue Linné Richtung Rue G. de la Bosse überqueren und am Ende der Straße rechts in den Jardin des Plantes (12)(13) spazieren. Den Park über den Ausgang Rue Geoffroy verlassen. Gegenüber befindet sich eine schöne Moschee (14). Geradeaus in die Rue Daubenton (15). Die Rue Monge überqueren und über die Rue Daubenton Richtung Rue Mouffetard (16)(17)(18) gehen. Der Rue Mouffetard bis zur Place de la Contrescarpe (19) folgen. Hier links über die Rue Thouin Richtung Panthéon (20) spazieren. Links in der Rue Soufflot gibt es Cocktails (21) und rechts ein Kino (22) und ein Museum (23). Ein paar Schritte zurück rechts in den Boulevard Saint-Michel abbiegen. Links Richtung Park (24) spazieren. Den Park durchqueren und über den Ausgang links vom Sénat verlassen. Über die Rue Férou Richtung Rue Saint-Sulpice gehen. In der Rue du Vieux Colombier kann man nett shoppen (25)(26). Am Ende der Rue Saint-Sulpice geht es links, vorbei an der U-Bahn-Station Odéon. Dann rechts zum Boulevard Saint-Germain. Links der Rue Saint-André des Arts (27) folgen, am Ende links in die Rue Buci und dann in die Rue de Seine (28). Über die Rue de l'Abbye und die Place Furstenberg (29) erreichen Sie die Place Saint-Germain-des-Prés mit seinen netten Cafés (30). Über die Rue de Rennes Richtung Rue B. Palissy (31) und über die Rue du Dragon Richtung Place M. Debré. Rechts in der Rue de Grenelle gibt es Schuhe (32), links Kleidung (33). Über die Rue de Sèvres erreichen Sie links den Endpunkt, die Rue Dupin (34).

4

= Sehenswürdigkeiten
= Essen & Trinken
= Shoppen
= Paris live

Eiffelturm, Invalides & Champs-Élysées

Kunst und Luxus an der Prachtstraße

In Paris gibt es zahlreiche historische Bauwerke – Spuren einer jahrhunderte-alten Zivilisation. Während der industriellen Revolution Ende des 19. Jahr-hunderts fingen französische Architekten an, Materialien wie Eisen und Glas zu verwenden. Die besten Beispiele sind der Eiffelturm, das Grand Palais, das Petit Palais und die Brücke Pont Alexandre III – alle anlässlich der Welt-ausstellungen von 1889 und 1900 erbaut.

Im 17. Jahrhundert ließ Ludwig XIV. das Hôtel des Invalides, ein Heim für verwundete Kriegssoldaten und Offiziere, errichten und Paris erhielt seinen "klassischen", von der Renaissance beeinflussten Charakter. Später erbaute Napoleon I. den Arc de Triomphe und führte den Empirestil ein, der sich an den altägyptischen und römischen Baustil anlehnte. Im Zweiten Kaiserreich (1852–1870) entstanden unter Napoleon III. die charakteristischen Boulevards und Avenuen.

5

Die Avenue des Champs-Élysées zwischen der Place Charles de Gaulle, auf der der Triumphbogen Arc de Triomphe steht, und der Place de la Concorde wurde im 17. Jahrhundert gebaut. Damals war sie nur eine lange Promenade, die zum Flanieren einlud. 1828 wurde die Avenue mit Bürgersteigen ausgestattet. Heute ist die Prachtstraße vor allem als Einkaufsmeile berühmt. Alle bekannten Modeketten haben hier Niederlassungen, die von morgens bis abends geöffnet sind. Außerdem gibt es zahlreiche große Kinos. Die Champs-Élysées wurden oft besungen, zum Beispiel in dem gleichnamigen Chanson von Joe Dassin, das noch oft im Radio zu hören ist.

Für die Stadtverwaltung gilt: Paris ist für die Einwohner da, nicht umgekehrt. Daher wurde 2013 beschlossen, die Schnellstraße am Linksufer der Seine – zwischen Eiffelturm und dem Musée d'Orsay – für den Autoverkehr zu sperren und zum Erholungsgebiet zu erklären. Somit waren Les Berges de la Seine geboren. Während des sommerlichen Festivals Paris Plage wird das Gebiet um einen Abschnitt, die Straße entlang der Seine, erweitert und den Spaziergängern, Radfahrern und Skatern überlassen.

6 Insider-Tipps

Palais de Tokyo

Originelle Ausstellungen moderner Kunst bestaunen.

Les Berges de la Seine

An der Seine entlangflanieren.

Musée Rodin

Im Skulpturengarten lustwandeln.

Le Bon Marché Rive Gauche

In einem vornehmen Kaufhaus shoppen gehen.

Minipalais

In fürstlichem Ambiente etwas essen oder trinken.

Kusmi Tea

Im Café Kousmichoff leckeren Tee genießen.

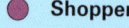 **Sehenswürdigkeiten**

Shoppen

 Essen & Trinken

 Paris live

Sehenswürdigkeiten

(1) Das **Palais de Tokyo** ist ein experimenteller Schauraum, in dem besondere Ausstellungen gezeigt werden. Der Raum ist riesig und bietet somit auch Platz für überdimensionale Exponate. Die Ausstellungen sind sehr unterschiedlich, aber immer eine Herausforderung. Auch der Museumsladen, in dem es Kunst-bücher und Designstücke gibt, ist einen Besuch wert.
13, avenue du président wilson, 16. arr., www.palaisdetokyo.com, telefon: 01 81973588, geöffnet: mi-mo 12.00-21.00, eintritt: 10 €, u-bahn: iéna

(2) Das **Musée d'Art Moderne** befindet sich im gleichen Haus wie das Palais de Tokyo, einem Gebäude, das 1937 anlässlich der Weltausstellung errichtet wurde. In dem Museum für moderne Kunst finden Besucher eine beeindruckende Sammlung von Kunstwerken aus dem 20. und 21. Jahrhundert. Eigentümerin der wertvollen Kollektion ist die Stadt Paris.
11, avenue du président wilson, 16. arr., www.mam.paris.fr, telefon: 01 53674000, geöffnet: di-mi & fr-so 10.00-18.00, do 10.00-22.00, eintritt: dauerausstellung frei, ansonsten 5-11 €, u-bahn: iéna oder alma-marceau

(4) Das neoklassizistische **Palais de Chaillot** wurde von vier verschiedenen Architekten anlässlich der Weltausstellung 1937 entworfen und erbaut. Das Palais beherbergt unter anderem die Cité de l'Architecture et du Patrimoine (eine Ausstellung über Architektur). Wer das Museum nicht besuchen möchte, sollte sich dennoch die Terrasse des Palais nicht entgehen lassen. Denn dort hat man einen wunderbaren Blick auf den Eiffelturm.
1, place du trocadéro, 16. arr., www.citechaillot.fr, telefon: 01 58515200, geöffnet: fr-mo & mi 11.00-19.00, do 11.00-21.00, eintritt: 8 €, u-bahn: trocadéro

(5) Der **Eiffelturm** wurde 1889 anlässlich der Weltausstellung von Gustave Eiffel entworfen. Damals noch heftig umstritten, ist der Eiffelturm heute das Wahrzeichen der Stadt. Vom dritten Stockwerk aus kann man bei klarem Wetter 65 Kilometer weit sehen. Die Schlangen vor dem Eingang sind meistens endlos lang. Beste Besuchszeit: am frühen Morgen oder am späten Abend. Tipp: Kaufen Sie Ihr Ticket am besten online.
champs de mars, 7. arr., www.tour-eiffel.fr, telefon: 08 92701239, geöffnet: täglich 9.30-23.00, mitte juni-ende aug. 9.00-0.00, preis: 5-15 €, u-bahn: bir-hakeim

(6) Das 2006 eröffnete **Musée du Quai Branly** steht aufgrund seiner Form und Farbe im schrillen Kontrast zum Eiffelturm. In diesem Museum der *arts lointains* (der primitiven Künste) sind mehr als 3500 Kunstwerke etwa aus Afrika, Asien oder Ozeanien zu sehen. Das markante Gebäude ist von einem schönen Park umgeben, in dem zur Seine hin die *mur végétal* (bewachsene Mauer) steht, angelegt vom Landschaftsarchitekten Patrick Blanc. Das Café-Restaurant im Garten lädt zum Mittagessen im Grünen ein.

37, quai branly, 7. arr., www.quaibranly.fr, telefon: 01 56617000, geöffnet: di-mi & so 11.00-19.00, do-sa 11.00-21.00, preis: 9 €, u-bahn: iéna oder alma-marceau, rer: pont de l'alma

(10) Der mit goldenen Statuen bestückte **Pont Alexandre III**, die prachtvollste Brücke von Paris, wurde nach nur zwei Jahren Bauzeit noch gerade rechtzeitig zur Weltausstellung im Jahr 1900 fertiggestellt. Sie gehört zu den meistfotografierten Motiven der Stadt und bietet eine tolle Aussicht auf den Eiffelturm.
pont alexandre iii, 8. arr., u-bahn: champs-élysées clemenceau oder invalides

(12) 1670 ließ Ludwig XIV. das Hôtel national des Invalides, kurz **Les Invalides**, erbauen, ein Heim für verwundete Soldaten. Zum Gebäudekomplex gehört auch der Invalidendom mit seiner goldenen Kuppel, in dem Napoleon I. 1861 seine letzte Ruhestätte fand. Hier befindet sich auch das Musée de l'Armée, in dem die Geschichte der französischen Armee im Mittelpunkt steht.
129, rue de grenelle, 7. arr., www.musee-armee.fr, telefon: 01 44423877, geöffnet: täglich apr.-okt. 10.00-18.00, nov.-märz 10.00-17.00, eintritt: 9,50 €, innenhof frei, u-bahn: invalides

(13) Im **Musée Rodin** im ehemaligen Wohnhaus des gleichnamigen Bildhauers sind neben Skulpturen und Studien Rodins auch Werke von Camille Claudel ausgestellt, die Rodins Geliebte und Aktmodell war. Im Garten befinden sich einige bekannte Skulpturen wie *Der Denker*.
79, rue de varenne, 7. arr., www.musee-rodin.fr, telefon: 01 44186110, geöffnet: di, do-so 10.00-17.45, mi 10.00-20.45, eintritt: museum 9 €, garten 2 €, u-bahn. varenne oder invalides

(20) Das **Hôtel d'Avaray** ist bereits seit den 1920er-Jahren der Amtssitz des niederländischen Botschafters. Berühmt wurde das Haus jedoch als Kulisse für französische Kinofilme wie *Ziemlich beste Freunde, Die Köchin und der Präsident* sowie *Le Capital*. Leider kann die Residenz nicht besichtigt werden.
85, rue de grenelle, 7. arr., geöffnet: nach vereinbarung, u-bahn: rue du bac

(22) Das **Musée d'Orsay** befindet sich in einem ehemaligen Bahnhof aus dem 19. Jahrhundert, der 1986 zum Museum umgebaut wurde. Auf den Balkonen sind Skulpturen aufgestellt, und in den Sälen ist eine impressionistische Sammlung zu sehen. Im Museum befinden sich auch einige nette Cafés und zwei Restaurants, die nur während der Öffnungszeiten des Museums geöffnet sind.
1, rue de bellechasse, 7. arr., www.musee-orsay.fr, telefon: 01 40494814, geöffnet: di-mi & fr-so 9.30-18.00, do 9.30-21.45, eintritt: 11 €, u-bahn: solférino, assemblée nationale, concorde oder tuileries

(23) Das **Jeu de Paume** verdankt seinen Namen der Tatsache, dass hier 1851 Napoleon III. in der Halle Tennis spielte. Seit einigen Jahren befindet sich im Gebäude das Centre national de la Photographie, das Fotoausstellungen zeigt.
1, place de la concorde, 8. arr., www.jeudepaume.org, telefon: 01 47031250, geöffnet: di -so 11.00-19.00, eintritt: 10 €, u-bahn: concorde

(25) Das **Musée de l'Orangerie** war einst ein Gewächshaus, in dem Orangen wuchsen. Die wahre Attraktion ist heute aber Monets *Les Nymphéas* (Die Wasserlilien) aus dem Jahr 1927. Das aus acht Gemälden bestehende Werk nimmt zwei ganze Säle ein. Zudem ist hier auch die Sammlung von Walter Guillaume zu sehen, die Werke von Malern des 20. Jahrhunderts präsentiert.
jardin tuileries, 1. arr., www.musee-orangerie.fr, telefon: 01 44504300, geöffnet: mo, mi-so 9.00-18.00, preis: 9 €, u-bahn. concorde

(26) Die **Place de la Concorde** (Platz der Eintracht) ist der größte Platz der Stadt. Während der Französischen Revolution spielten sich hier blutige Szenen ab, denn auf dem Platz stand die Guillotine. In der Mitte steht der über 3000 Jahre alte Obelisk aus Luxor, den der ägyptische König Muhammad Ali Pascha im Jahr 1831 dem französischen König Louis-Philippe schenkte.
place de la concorde, 1. arr., u-bahn: concorde

(27) Das **Petit Palais** beherbergt das Musée des Beaux-Arts de la Ville de Paris, das die Werke bekannter französischer Künstler wie Ingres, Delacroix und Courbet zeigt. Der Palast wurde trapezförmig und im gleichen Stil errichtet wie das Grand Palais, in der Mitte befindet sich ein Garten, in dem ein wunderbares Café-Restaurant auf Sie wartet.
avenue winston churchill, 8. arr., www.petitpalais.paris.fr, telefon: 01 53434000, geöffnet: di-so 10.00-18.00, eintritt: dauerausstellung frei, ansonsten 5-11 €, u-bahn: champs-élysées clemenceau oder concorde

(29) Wie das Petit Palais wurde auch das **Grand Palais** anlässlich der Weltausstellung 1900 erbaut. Vor allem die gigantische Dachkonstruktion aus Stein, Stahl und Glas ist sehenswert. Im Grand Palais befindet sich neben den Galeries Nationales auch das Wissenschaftsmuseum Palais de la Découverte.
3, avenue du général eisenhower, 8. arr, www.grandpalais.fr, telefon: 01 44131717, geöffnet: täglich, je nach ausstellung, preis: je nach ausstellung, siehe website, u-bahn: champs-élysées clémenceau oder franklin roosevelt

MUSÉE DU QUAI BRANLY ⑥

㊲ 1806, ein Jahr nach seinem Sieg in Austerlitz, befahl Napoleon den Bau des **Arc de Triomphe**. Fertiggestellt wurde der Triumphbogen aber erst 1836. Die vier großen Reliefs, die auf Sockeln vor den Säulen angebracht sind, erinnern an die Siege von 1805. Von dem Gebäude hat man einen schönen Blick auf die Champs-Élysées.

place charles de gaulle, 8. arr., www.arc-de-triomphe.monuments-nationaux.fr, telefon: 01 55377377, geöffnet: täglich apr.-sept. 10.00-23.00, okt.-märz 10.00-22.30, eintritt: 9,50 €, u-bahn: charles de gaulle-étoile

Essen & Trinken

(3) Wer die Seine und den Eiffelturm in aller Ruhe bei einem Drink oder einer Mahlzeit auf sich wirken lassen möchte, sollte bei **Monsieur Bleu** Platz nehmen. Das Interieur ist schick, aber gemütlich, für Pariser Verhältnisse stehen die Tische relativ weit auseinander. Anders als der Name vermuten lässt, ist nicht Blau, sondern Grün die dominierende Farbe. Ein hippes Lokal, in dem DJs regelmäßig stimmungsvolle Musik auflegen.
20, avenue de new york, 16. arr., monsieurbleu.com, telefon: 01 47209047, geöffnet: täglich 12.00-14.00 & 20.00-22.30, preis: hauptgericht 35 €, u-bahn: iéna oder alma-marceau

(7) Das Toprestaurant **Les Ombres** befindet sich auf dem Dach des Musée de Branly und ist bei Parisern auch wegen der grandiosen Aussicht auf den Eiffelturm sehr beliebt. Aber der eigentliche Grund ist natürlich die Küche – die Portionen sind zwar klein, die Qualität aber spitze.
27, quai branly, 7. arr., www.lesombres-restaurant.com, telefon: 01 47536800, geöffnet: täglich 12.00-14.30 & 19.00-22.30, preis: hauptgericht 40 €, u-bahn: alma marceau, rer: pont de l'alma

(11) Das **Faust** liegt direkt an und teilweise unter der Brücke Pont Alexandre III und besteht aus drei Einheiten: Es gibt eine Terrasse, auf der man etwas trinken kann, ein schickes Restaurant sowie eine Bühne für Vorstellungen und Auftritte. Unterhalb der Brücke finden Sie noch mehr Cafés. Im Sommer ist hier vor allem freitagabends sehr viel los.
pont alexandre iii, 7. arr., lesberges.paris.fr/envies/faust/, geöffnet: do-so 12.00-0.00, u-bahn: champs-élysées clemenceau, invalides oder assemblée nationale

(16) Das im Botschaftsviertel gelegene **Coutume Café** ist das ideale Lokal zum Kaffeetrinken, für ein feines Mittagessen oder einen leckeren Wochenend-brunch. Samstags und sonntags stehen Brunchern drei Varianten zur Auswahl: klassisch, *detox*-Veggie oder sumatranisch. Wofür auch immer Sie sich ent-scheiden, Sie werden das Café immer angenehm gesättigt verlassen.
47, rue de babylone, 7. arr., www.coutumecafe.com, telefon: 01 45515047, geöffnet: mo-fr 8.00-19.00, sa-so 10.00-19.00, preis: mittagessen 17 €, brunch 23 €, u-bahn: saint-francois-xavier

⑪ **FAUST**

㉘ Wer das schicke **Minipalais** sucht, hat es nicht leicht, denn es gehört zu den am besten versteckten Lokalen der Stadt. Wenn man auf der Terrasse am Fuß mächtiger weißer Säulen sitzt, hat man beinahe das Gefühl, in Rom zu sein. Von einigen Tischen aus blickt man auf das Grand Palais. Abends ist die Terrasse stimmungsvoll beleuchtet – mehr Romantik geht kaum.

3, avenue winston churchill, 8. arr., www.minipalais.com, telefon: 01 42564242, geöffnet: täglich 10.00-02.00, preis: 28 €, u-bahn: champs-elysees clemenceau

(31) Das Konzept der Weinbar **Wine by One** ist ziemlich innovativ, denn hier kaufen Sie an der Kasse keinen Wein, sondern eine Chipkarte. Diese berechtigt zur Kostprobe eines Weins aus einem Sortiment von über 100 verschiedenen edlen Tropfen. Die Optionen: ein Schluck, ein halb volles Glas oder ein ganzes Glas. Einfach einen Käseteller dazu bestellen und schon ist das Erlebnis perfekt.
27, rue de marignan, 8. arr., www.winebyone.com, telefon: 01 45631898, geöffnet: di-fr 12.00-00.00, sa 15.00-20.00, preis: 3-12 €, u-bahn: franklin roosevelt

(32) Lust auf einen Cocktail? Dann lassen Sie sich im Innenhof des **Hôtel Pershing Hall** nieder, der an einer Seite von einer hohen, völlig bewachsenen Mauer begrenzt wird. Übrigens: Frühstücken oder zu Abend essen können Sie hier, auch wenn Sie kein Hotelgast sind.
49, rue pierre charron, 8. arr., www.pershinghall.com, telefon: 01 58365800, geöffnet: di-sa 07.00-02.00, so-mo 07.00-01.00, preis: 32 €, u-bahn: franklin roosevelt

(35) Im **Le Drugstore** kann man ausgezeichnet essen, daher ist es gerade in der Mittagszeit bei Geschäftsleuten sehr beliebt. Da die freundlichen Bedienungen darauf eingestellt sind, geht dennoch alles ziemlich flott. Das Lokal befindet sich im Hauptgebäude des in Frankreich sehr bekannten Werbedienstleisters Publicis. Die Inspiration für Le Drugstore holte sich Publicis' Eigner in New York. Neben dem Restaurant umfasst Le Drugstore auch eine Apotheke, eine Buchhandlung und eine Art Supermarkt.
133, avenue des champs-élysées, 8. arr., www.publicisdrugstore.com, telefon: 01 44437764, geöffnet: mo-fr 8.00-2.00, sa-so 10.00-2.00, preis: 26 €, u-bahn: charles de gaulle-étoile

(36) Wer etwas zu feiern hat, der geht ins **Le Chiberta**. Das stilvolle Restaurant von Guy Savoy kann sogar mit einem Michelin-Stern aufwarten. Hier werden raffinierte Klassiker aus der französischen Küche serviert. Die Weinkarte ist ausgezeichnet, die Flaschen sind sogar ein wichtiger Bestandteil der Einrichtung.
3, rue arsène houssaye, 8. arr., www.lechiberta.com, telefon: 01 53534200, geöffnet: mo-fr 12.00-14.30 & 19.30-23.00, sa 19.00-23.30, preis: menu dégustation 110 €, u-bahn: charles de gaulle-étoile

Shoppen

(15) Bei **Ciné Images** bekommen Sie Poster und Plakate diverser französischer und internationaler Kinofilme ... Wer schon lange nach etwas Bestimmtem sucht, wird hier womöglich fündig. Praktisch: Auf der Website ist das komplette Sortiment aufgelistet, sodass man sich im Vorfeld bereits informieren kann.
68, rue de babylone, 7. arr., www.cine-images.com, telefon: 01 47056025, geöffnet: di-fr 10.00-13.00 & 14.00-19.00, sa 14.00-19.00, u-bahn: saint-francois-xavier

(17) **Le Bon Marché Rive Gauche** ist ein Kaufhaus der gehobenen Klasse und Lieblingsadresse der Pariser. Hier gibt es sie fast alle, die teuren und eleganten Topmarken. Wer sich daran in aller Ruhe ergötzen will, sollte dies an einem Wochentag tun. Die zweite Filiale des Bon Marché, La Grande Épicerie de Paris, befindet sich in Hausnummer 38 und steht ganz im Zeichen der Kochkunst. Ein Muss für alle, die gerne den Kochlöffel schwingen und gutes Essen lieben.
24, rue de sèvres, 7. arr., www.lebonmarche.com, telefon: 01 44398000, geöffnet: mo-mi & sa 10.00-20.00, do-fr 10.00-21.00, u-bahn: sèvres babylone

(18) Der **Conran Shop**, ein riesiger Laden mit Designerprodukten und schönen Sachen für zu Hause, ist eigentlich eine Londoner Erfindung. Es ist immer wieder schön, in dieser Mischung aus Designklassikern und neuen Entwürfen herumzustöbern.
117, rue du bac, 7. arr., www.conranshop.fr, telefon: 01 42841001, geöffnet: mo-fr 10.00-19.00, sa 10.00-19.30, u-bahn: sèvres babylone

(19) Die Köstlichkeiten der exklusiven **Pâtisserie des Rêves** werden in Glas-kugeln präsentiert. Tipp für Liebhaber: Den besten *mille-feuille* der ganzen Stadt bekommen Sie hier.
93, rue du bac, 7. arr., www.lapatisseriedesreves.com, telefon: 01 42840082, geöffnet: mo-sa 9.00-20.00, so 9.00-18.00, u-bahn: rue du bac

CINÉ IMAGES ⑮

(21) **Deyrolle** ist ein Erlebnis: knarzende Fußböden und alte Vitrinen, gefüllt mit Raritäten, ausgestopften Tieren, Schmetterlingen, Muscheln – hier kommt man aus dem Staunen nicht mehr heraus. Und seit mehr als 100 Jahren produziert Deyrolle auch sehenswerte Schautafeln.

46, rue du bac, 7. arr., www.deyrolle.com, telefon: 01 42223007, geöffnet: mo 10.00-13.00 & 14.00-19.00, di-sa 10.00-19.00, u-bahn: rue du bac

(24) Die auf Gartenthemen spezialisierte **Librairie des Jardins** befindet sich direkt hinter dem Eingang zum Jardin des Tuileries. In dem schönen Gewölbe warten über 4000 Bücher und Zeitschriften zu den Themen Gärten, Parks, Blumen und Kräuter auf Käufer mit grünem Daumen.

place de la concorde, 1. arr., www.louvre.fr, telefon: 01 42606161, geöffnet: täglich 10.00-19.00, u-bahn: concorde

(33) **Kusmi Tea** ist eine bekannte Pariser Teesorte, die in bunten Dosen verkauft wird. Oberhalb des Ladens befindet sich das Café Kousmichoff, wo man den Tee probieren kann – warm oder kalt, pur oder in einem der vielen Teecocktails, die auf der Karte stehen.

71, avenue des champs-élysées, 8. arr., www.cafekousmichoff.com, telefon: 01 45630808, geöffnet: mo-fr 8.00-23.00, sa-so 10.00-23.00, u-bahn: franklin roosevelt oder georges v

(34) Louis Ernest **Ladurée** gründete diese schicke Bäckerei mit Teesalon im Jahr 1862. An der Einrichtung hat sich seitdem kaum etwas verändert. Die Auswahl an Leckereien ist nahezu unbegrenzt. Ein Muss sind die berühmten Macarons, die Spezialität des Hauses. Tipp: Lassen Sie sich das Frühstück im Restaurant des Hauses nicht entgehen.

75, avenue des champs-élysées, 8. arr., www.laduree.com, telefon: 01 40750875, geöffnet: mo-do 8.30-19.30, fr-sa 8.00-20.00, so 10.00-19.00, preis: macaron ab 1,50 €, u-bahn: georges v

Paris live

(8) Ein Blick in die Pariser Kanalisation lässt einen die Stadt von einer ganz anderen Seite kennenlernen. Im unterirdischen **Musée des Égouts de Paris**, einer 500 Meter langen Kanalstrecke, erfährt man, wie das Abwassernetz von Paris angelegt wurde. Ein interessantes Erlebnis mit Informationen auch auf Englisch. Tipp: Ziehen Sie sich warm an, denn da unten ist es um einiges kälter als oben.
tegenover 93, quai d'orsay, 7. arr., telefon: 01 53682781, geöffnet: mai-sept. sa-mi 11.00-18.00, okt.-apr. sa-mi 11.00-17.00, preis: 4,40 €, u-bahn: alma-marceau, rer: pont de l'alma

(9) Wer in Ruhe an der Seine entlangspazieren möchte, kann dies in **Les Berges de la Seine** tun. Seit einiger Zeit ist dieser Abschnitt entlang der Seine autofrei und nur Erholungssuchenden vorbehalten. Ob flanieren, Rad fahren, skaten oder joggen – die Pariser lieben ihren neuen Hotspot. Vor allem im Sommer finden auch allerlei Veranstaltungen statt.
zwischen pont de l'alma und louvre, lesberges.paris.fr, u-bahn: alma-marceau, invalides oder assemblée nationale, rer: pont de l'alma

(14) Die im 19. Jahrhundert erbaute **Pagode** beherbergt ein prachtvolles japanisches Filmtheater, das seit 1990 denkmalgeschützt ist. Hier einen Film anzusehen, ist ein ganz besonderes Erlebnis. Auch der Garten ist einen Besuch wert. Mit etwas Glück können Sie dort Tee trinken, allerdings hat die Bar keine festen Öffnungszeiten.
57 bis, rue de babylone, 7. arr., www.etoile-cinemas.com/pagode, telefon: 01 45554848, geöffnet: täglich 13.00-22.00, preis: 9,50 €, u-bahn: saint-francois-xavier

(30) An den **Champs-Élysées**, der "schönsten Avenue der Welt", kann man heute endlos in eleganten Designer-Geschäften shoppen. In den Seitenstraßen Avenue Montaigne und Avenue George V befinden sich die Hauptboutiquen von Dior, Chanel und anderen klangvollen französischen Modenamen.
champs-élysées, 8. arr., u-bahn: charles de gaulle-étoile, george v oder champs-élysées clemenceau

Eiffeltoren, Invalides & Champs-Élysées

SPAZIERGANG 5 (ca. 11,5 km)

Der Spaziergang beginnt an der U-Bahn-Station Iéna. Von da geht es dann Richtung Palais de Tokyo (1) (2). Reservieren Sie einen Tisch in einem schicken Restaurant (3). Danach schräg hinauf über die Avenue Wilson Richtung Place du Trocadéro gehen, um das Palais de Chaillot (4) zu besichtigen. Der Weg lohnt sich, denn die Aussicht auf den Eiffelturm ist grandios. Wieder hinuntergehen und über die Seine-Brücke Richtung Eiffelturm (5). Am Quai Branly können Sie ein Museum besuchen (6) (7) und in der Nähe dem Pont de l'Alma einen Blick in das unterirdische Paris werfen (8). Wenn Sie die Treppe hinunter zur Seine gehen, erreichen Sie ein mittlerweile autofreies Erholungsgebiet (9). Richtung Pont Alexandre III (10) weitergehen, um etwas zu trinken (11). Die Treppe hinaufgehen und Richtung Les Invalides (12) spazieren. Vor dem Gebäude links abbiegen, dann rechts in den Boulevard des Invalides und hier die erste Straße links nehmen. Nach dem Musée Rodin (13) in die erste Straße rechts, die Rue Barbet de Jouy, einbiegen. Dieser Straße bis zur Rue de Babylone folgen, um rechts einen Film zu sehen (14) (15) oder links ein Mittagessen oder eine Tasse Kaffee zu genießen (16). Richtung Rue du Bac gehen, wo Sie rechts ein schickes Kaufhaus (17) finden. Wieder zurück zur Rue du Bac, um beim Conran Shop (18) vorbeizuschauen und den besten *mille-feuille* der Stadt zu kosten (19). Dann links in die Rue de Varenne einbiegen, die erste Straße rechts, die Rue de Bellechasse, nehmen und gleich wieder rechts in die Rue de Grenelle einbiegen. Am reizvollen Botschaftsgebäude (20) vorbei Richtung Rue du Bac spazieren. Links abbiegen, um bei Deyrolle (21) herumzustöbern. Links in die Rue de Lille gehen, um das Musée d'Orsay (22) zu besuchen. Über die Passerelle de Solferino die Seine überqueren. Durch den Jardin des Tuileries Richtung Place de la Concorde (23) (24) (25) (26) und Champs-Élysées gehen (27) (28) (29). Auch die Querstraßen der Champs Élysées (30) sollten Sie sich nicht entgehen lassen, zum Beispiel, um etwas zu trinken (31) (32). Die Avenue des Champs-Élysées bietet einige interessante Adressen (33) (34). Hier können Sie den Spaziergang stilvoll abschließen (35) (36). Wer will, kann noch bis zum Triumphbogen (37) gehen.

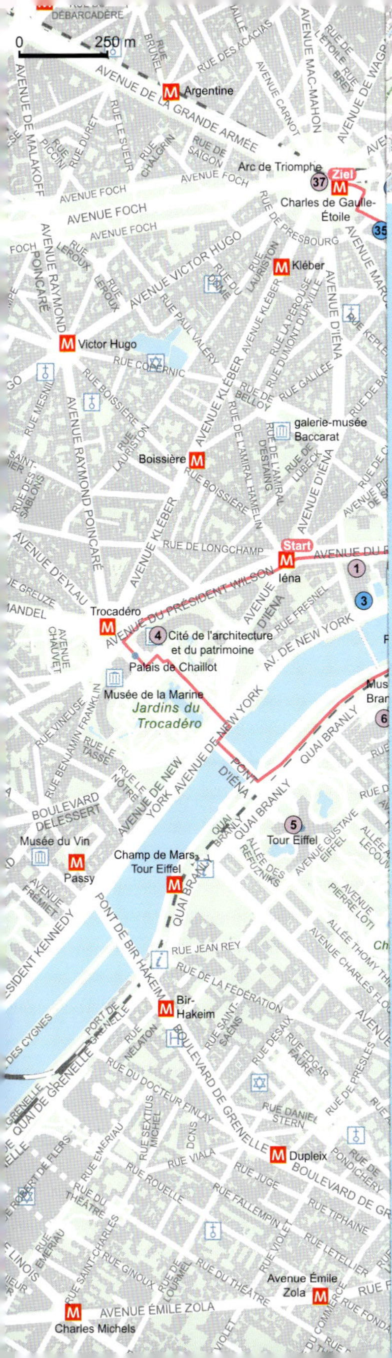

5

1 Palais de Tokyo
2 Musée d'Art Moderne
3 Monsieur Bleu
4 Palais de Chaillot
5 Eiffelturm
6 Musée du Quai Branly
7 Les Ombres
8 Musée des Égouts de Paris
9 Les Berges de la Seine
10 Pont Alexandre III
11 Faust
12 Les Invalides
13 Musée Rodin
14 La Pagode
15 Ciné Images
16 Coutume Café
17 Le Bon Marché Rive Gauche
18 Conran Shop
19 La Pâtisserie des Rêves
20 Hôtel d'Avaray
21 Deyrolle
22 Musée d'Orsay
23 Jeu de Paume
24 Librairie des Jardins
25 Musée de l'Orangerie
26 Place de la Concorde
27 Le Petit Palais
28 Minipalais
29 Le Grand Palais
30 Champs-Élysées
31 Wine by One
32 Hôtel Pershing Hall
33 Kusmi Tea
34 Ladurée
35 Le Drugstore
36 Le Chiberta
37 Arc de Triomphe

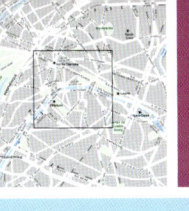

Belleville, Canal Saint-Martin & Ménilmontant

Dörfliches Ambiente oder multikulturelles Arbeiterviertel

In der Gegend um den Canal Saint-Martin und das Bassin de la Villette öffnen immer mehr hippe Geschäfte und Lokale ihre Türen: von Antiquitätenläden über Hotels und gute Restaurants bis zu kulturellen Hotspots. Natürlich kann man hier auch einfach am Wasser entlangspazieren, Rad fahren oder picknicken. Die Brücken über den Kanal verleihen der Gegend ein dörfliches Ambiente.

Der Parc des Buttes Chaumont, einer der neueren Parks von Paris, ist von einer eigenwilligen Landschaftsarchitektur geprägt. Vom höchsten Punkt der *buttes* (Hügel) blicken Besucher auf Sacré-Cœur und auf das Arbeiterviertel Belleville. Dieser Stadtteil, in dem die Chansonniere Edith Piaf aufwuchs, verströmt noch immer die Atmosphäre des alten Paris. Mitten in Belleville liegt ein kleiner, eher unbekannter Park: der Parc de Belleville. Auch von hier hat man eine phänomenale Aussicht über die ganze Stadt. Die Mühen, die mit dem Besteigen des Hügels einhergehen, sind allemal besser als das stundenlange Anstehen am Eiffelturm.

6

Rund um den Park befinden sich einige Sträßchen, in denen einige originelle und experimentelle Läden ansässig sind. Einige von ihnen sind interessante Pop-up-Stores, in denen junge Pariser Designer ihre Produkte anbieten dürfen. Auffällig ist, dass das Viertel erst nach der Mittagszeit langsam erwacht, manche Läden machen sogar dann erst auf.

Der südliche Teil von Belleville wurde in den letzten Jahren zunehmend multikultureller. Entlang der großen Boulevards sind es vor allem Chinarestaurants, Läden mit exotischen Lebensmitteln, Straßenhändler und bunte Märkte, die das Bild prägen. Belleville geht fast unbemerkt in Ménilmontant über, ebenfalls ein Arbeiterviertel. Attraktion des Viertels ist der berühmte Friedhof Père Lachaise mit seinen schönen Alleen und Kastanienbäumen. Das lebhafte Flair von Ménilmontant, das unlängst stark renoviert wurde, aber trotzdem seinen eigenen Charakter behielt, spiegelt sich auch in der Rue Oberkampf wider. Originelle Geschäfte wechseln sich mit gemütlichen Cafés und Bars ab, die vor allem von jungen Parisern besucht werden.

6 Insider-Tipps

Bassin de la Villette

Am Kanal Boule spielen oder picknicken.

Parc des Buttes Chaumont

Gipfel stürmen und die Aussicht genießen.

Le O'Paris

Auf der Terrasse die tolle Aussicht genießen.

Canal Saint-Martin

Eine Flasche Wein kaufen und sich zu den Parisern gesellen.

Antoine & Lili

In drei bunten Läden einkaufen.

Le Perchoir

Hoch über der Stadt einen Cocktail trinken.

 Sehenswürdigkeiten

Shoppen

 Essen & Trinken

 Paris live

Sehenswürdigkeiten

⑪ Der berühmteste und größte Friedhof von Paris ist der **Cimetière du Père Lachaise**. Er ist die letzte Ruhestätte von Oscar Wilde, Marcel Proust, Sidonie-Gabrielle Colette, Edith Piaf, Jim Morrison, Frédéric Chopin und noch vielen anderen mehr oder weniger bekannten Persönlichkeiten. Entlang der von Kastanienbäumen gesäumten Alleen lässt sich eine große Vielfalt an unterschiedlichen Gräbern bestaunen: kleine Paläste und Grabruinen, Gräber mit Marmorsäulen, Engeln, Porzellanfiguren und vieles mehr.

58, rue des rondeaux, boulevard de ménilmontant, rue des repos, 20. arr., www.pere-lachaise.com, telefon: 01 55258210, geöffnet: 6. nov.-15. märz mo-fr 8.00-17.30, sa 8.30-17.30, so 9.00-17.30, 16. märz-5. nov. mo-fr 8.00-18.00, sa 8.30-18.00, so 9.00-17.30, u-bahn: père lachaise

⑭ Die **Ateliers d'Artistes de Belleville** bilden eine Dachorganisation für Künstler des Viertels. Wer in der Nähe ist, sollte unbedingt eine der Ausstellungen, etwa mit Fotografien oder Gemälden, besuchen.

1, rue francis picabia, 2.e arr., www.ateliers-artistes-belleville.fr, telefon: 01 77126313, für öffnungszeiten siehe website, u-bahn: couronnes

㉜ Edith Piaf wurde am 15. Dezember 1915 in der Rue de Belleville, Hausnummer 72, geboren. Sie verbrachte ihre Jugend wortwörtlich auf den Straßen von Belleville und Ménilmontant. Im **Musée Edith Piaf** erfahren Sie anhand von Erinnerungsstücken, Fotos, Briefen, Plakaten und Theaterkostümen alles über ihr turbulentes Leben. Wer das Museum besuchen möchte, sollte sich am besten zwei Tage vorher anmelden.

5, rue crespin du gast, 11. arr., telefon: 01 43555272, geöffnet: besuch nach voranmeldung, mo-mi 13.00-18.00, jun. & sept. geschlossen, eintritt: frei, u-bahn: ménilmontant

Essen & Trinken

(1) Das **La Rotonde** ist Restaurant mit Terrasse, Brunchlokal und Musik-Bar in einem – Letzteres allerdings nur an Wochenenden. Gelegentlich finden in einem runden Nebengebäude auch Veranstaltungen statt wie zum Beispiel ein Flohmarkt oder ein "fashion brunch". Das aktuelle Programm finden Sie auf der Website des Lokals.
6-8, place de la bataille de stalingrad, 19. arr., www.larotonde.com, telefon: 01 80483340, geöffnet: di-sa 10.00-02.00, so 10.00-20.00, preis: 18 €, u-bahn: jaurès oder stalingrad

(3) Bei der **Bar Ourcq**, einem Hotspot der alternativen Szene, können Sie Liegestühle und Boule-Kugeln ausleihen oder ein Getränk kaufen, um es am Wasser zu genießen. Nehmen Sie einen kleinen Snack (Würstchen im Teigmantel oder hausgemachte Kuchen) dazu und lauschen Sie der Musik eines DJs – kann man einen Abend schöner verbringen?
68, quai de la loire, 19. arr., barourcq.free.fr, telefon: 01 42401226, geöffnet: mi-do 15.00-0.00, fr-sa 15.00-2.00, so 15.00-22.00, preis: 3 €, u-bahn: jaurès oder laumière

(5) Das in einem Pavillon gelegene **Rosa Bonheur** ist tatsächlich ein *bonheur* (Glück). An Sommertagen in entspannter Atmosphäre mit Wein und Tapas auf der Terrasse zu verweilen ist einfach traumhaft. Da man an langen Holztischen sitzt, kommt man fast zwangsläufig mit seinen Tischnachbarn ins Gespräch. Von Donnerstag bis Sonntag ist ab 18 Uhr *guinguette*-Zeit, dann heißt es trinken, Tapas essen und auf die Musik der DJs tanzen.
2, avenue des cascades, 19. arr., www.rosabonheur.fr, telefon: 01 42000045, geöffnet: mi-so 12.00-0.00, preis: tapas 7 €, u-bahn: botzaris oder buttes chaumont

BAR OURCQ ③

⑫ Wer einfach nur etwas trinken möchte, findet keine bessere Adresse als das **Le O'Paris**. Von der Terrasse aus bietet sich ein herrlicher Blick auf die Dächer von Paris, und auch im Innenbereich hat das Lokal so einiges zu bieten. Die meisten Gäste kommen wegen der guten Drinks und der relaxten Atmosphäre, weniger wegen des Essens, obwohl das auch nicht schlecht ist. Es finden hier regelmäßig Ausstellungen, Lesungen, Diskussions- und Musikabende statt.

1, rue des envierges, 20. arr., www.le-o-paris.com, telefon: 01 43663854, geöffnet: mo-mi 10.30-2.00, do-so 10.00-2.00, preis: 16, sonntagsbrunch 17 €, u-bahn: pyrénées

21 LA CHAMBRE AUX OISEAUX

(15) **Le Baratin** ist ein nettes, typisches Pariser Bistro mit einer hervorragenden Weinkarte. In ihrer kleinen Küche bereitet Raquel Caréla französische Traditionsgerichte zu. Lassen Sie sich zum Mittagessen ein Glas Sagesse de Gramenon schmecken. Das Bistro ist bei den Parisern sehr beliebt, also am besten vorher einen Tisch reservieren.
3, rue jouye-rouve, 20. arr., telefon: 01 43493970, geöffnet: mo 12.00-14.30, di-fr 12.00-14.30 & 19.00-23.00, sa 19.00-23.00, preis: mittagessen 15 €, abendessen 25 €, u-bahn: pyrénées oder belleville

(16) Im **Múkura** weht ein Hauch von Kolumbien. Kein Wunder, denn die Inhaberin, die ihre Gäste persönlich begrüßt, stammt aus dem südamerikanischen Land. Das kleine Restaurant ist bunt eingerichtet, das Essen wird traditionell zubereitet – sprich, man braucht viel Geduld. Bestellen Sie einen köstlichen Cocktail, um die Zeit angenehm zu überbrücken, oder kaufen Sie einige der angebotenen tropischen Früchte.
82, rue rebeval, 19. arr., www.mukura.fr, telefon: 01 42493405, geöffnet: do-sa 12.00-16.00 & 19.00-23.00, so 12.00-23.00, preis: 23 €, u-bahn: jourdain oder pyrénées

(18) Lust auf ein ungewöhnliches Essen? Im **Le Petit Cambodge** werden französisch-kambodschanische Kreationen an schmalen Holztischen serviert. Gegessen wird natürlich mit Stäbchen. Das Lokal hat ab 12 Uhr geöffnet.
20, rue alibert, 10. arr., www.lepetitcambodge.fr, telefon: 01 42458088, geöffnet: täglich 12.00-23.00, preis: 13 €, u-bahn: république oder goncourt

(21) Ob für ein Frühstück, eine Tasse Tee oder Kaffee mit Kuchen, besondere Bio-Getränke oder einen Sonntagsbrunch – **La Chambre aux Oiseaux** ist immer einen Besuch wert. Mit den altmodischen Tapeten und den alten Möbeln wirkt das Lokal wie ein gemütliches Wohnzimmer vergangener Tage.
48, rue bichat, 10. arr., lachambreauxoiseaux.tumblr.com, telefon: 01 40189849, geöffnet: mi-so 10.00-18.30, preis: mittagessen oder tee mit kuchen 10 €, brunch 20 €, u-bahn: république oder goncourt

(24) Glutenfreie französische Backwaren zu finden, ist nicht leicht. Bei **Helmut Newcake** gibt es sie. Ob Käsekuchen, Windbeutel oder Schokotörtchen – die Auswahl ist groß. Wer die Leckereien nicht vor Ort im gemütlichen Café verspeisen will, kann sie mitnehmen. Tipp: Auf der einladenden Terrasse mit Loungesesseln werden in der Mittagszeit auch warme Gerichte serviert.
36, rue bichat, 10. arr., www.helmutnewcake.com, telefon: 09 82590039, geöffnet: mo-sa 12.00-19.30, so 10.00-18.00, preis: mittagessen 9 €, sonntags-brunch 23 €, u-bahn: république oder goncourt

(25) **Le Chateaubriand** ist zu Recht sehr beliebt. In seinem stilvollen, aber schlichten Restaurant kreiert der junge Küchenchef Inaki Azipatarte innovative und hochwertige Gerichte. Das ebenso stilvoll gekleidete Personal unter-streicht das erfolgreiche Konzept des Lokals. Unbedingt einen Tisch im Voraus reservieren.
129, avenue parmentier, 11. arr., www.lechateaubriand.net, telefon: 01 43574595, geöffnet: di-sa 19.30-23.00, preis: menü 65 €, u-bahn: goncourt

(31) Das **Café Charbon** war ursprünglich ein Varietétheater, in dem der Chansonnier Maurice Chevalier sein Debüt gab. Das Lokal mit dem dunklen Holzinterieur und den Lampen, die – wie es scheint – bereits seit Jahrhunderten hier hängen, ist am Wochenende immer voll. Abends trinkt man hier etwas, lauscht der Livemusik oder wagt sich auf die Tanzfläche.
109, rue oberkampf, 11. arr., telefon: 01 43575513, geöffnet: so-mi 9.00-2.00, do-sa 9.00-4.00, preis: 15 €, u-bahn: parmentier

(33) **Le Perchoir** vermittelt ein wenig Pariser "Sex and the City"-Feeling. Diese *rooftop bar* ist der perfekte Ort, um ausgiebig zu loungen und mit einem Cocktail in der Hand den Blick über die Stadt schweifen zu lassen. Die Bar zieht ein sehr gemischtes Publikum aus allen Stadtteilen an. Tipp: Auf der Straße erkennt man Le Perchoir nicht sofort – achten Sie auf den Türsteher. Ein Aufzug bringt Sie in die siebte Etage. Wem das französische Fingerfood in der Bar nicht reicht, auf den wartet ein Stockwerk tiefer das gleichnamige Restaurant (Reservierungspflicht).
14, rue crespin du gast, 11. arr., leperchoir.fr, telefon: 01 48061848, geöffnet: bar täglich 16.00-1.00, restaurant di-sa 20.00 - 22.30, preis: drink 13 €, überraschungsmenü 48 €, u-bahn: ménilmontant oder rue saint-maur

Shoppen

(6) Wer ungewöhnliches Design sucht, sollte unbedingt bei **L'Embellie** vorbeischauen: Keramik, Lampen, Büro-Utensilien sowie Taschen, um nur einige der vielen Beispiele aus dem Sortiment zu nennen. Eine Sache jedoch haben die schönen Dinge gemeinsam: Sie sind alle sehr originell. Übrigens: In dieser Straße finden Sie einige zum Teil sehr interessante Pop-up-Stores, in denen Pariser Designer ihre Produkte verkaufen.
14, rue de la villette, 19. arr., www.lembellie-design.fr, telefon: 01 42014289, geöffnet: di-sa 11.00-14.00 & 16.00-20.00, u-bahn: jourdain

(7) Die Fassade des **Poivron Rose** ist rosa – und zwar so knallig, dass man kaum daran vorbeilaufen kann. In der Boutique wird französische Kleidung von jungen Modeschöpfern angeboten, oftmals Unikate in kleinen Größen – typisch französisch eben. Auf jeden Fall interessant.
3, rue de la vilette, 19. arr., geöffnet: di 16.00-19.00, mi-sa 11.00-19.00, u-bahn: laumière

(8) Einkaufen in **L'Épicerie du 4** macht einfach Spaß. Wie wäre es mit einem tollen Mitbringsel wie etwa einer ganz besonderen Kaffeesorte oder einem Gourmet-Paket zum Backen von *cakes d'amour*. Vergessen Sie ja nicht die Nachtisch-Spezialität des Ladens: *riz au lait à la rose d'amour*. Originelle Geschenke sind auch die Geschirrtücher und Untersetzer von Cocotte Paris.
4, rue de la vilette, 19. arr., lepiceriedu4.fr, telefon: 09 5127518851, geöffnet: di-fr 11.00-13.30 & 15.30-19.00, sa 10.30-14.00 & 15.00-19.30, so 10.00-13.00, u-bahn: laumière

(22) **Antoine & Lili** sind drei Läden am Canal Saint-Martin mit knallbunten Fassaden: Ein Laden führt Gegenstände aus aller Welt, im zweiten gibt es Damenmode und im letzten Kinderkleidung. Kurz: ein farbenfrohes Multikulti-Paradies für Kleidung und Kitsch diverser Stilrichtungen – von indisch bis mexikanisch. Neben der eigenen Kleiderkollektion werden auch die Lieblings-sachen von Antoine und Lili präsentiert.
95 quai de valmy, 10. arr, www.antoineetlili.com, telefon: 01 40374155, geöffnet: mo-fr 11.00-20.00, sa 10.00-20.00, so 10.00-19.00, u-bahn: république oder goncourt

L'AUTO ÉCOLE ㉘

㉓ Auf Schnäppchenjagd? Dann ab in die **Rue de Marseille**, in der die Outlets einiger französischer Marken liegen. Bei Maje (Hausnummer 4), Claudie Pierlot (Nummer 6) und Les Petites (Nummer 11) finden Sie Kollektionen der letzten Saison oder herabgesetzte Einzelteile. Hier kann man stundenlang zwischen Kleidern, Schuhen, Seidenblusen, Lederjacken, Handtaschen und vielem mehr stöbern.

rue de marseille, 10. arr., www.sofrenchy.net/stocks-from-rue-de-marseille-the-fashion-shop, geöffnet: mo-sa 11.00-20.00, so 13.30-19.30, u-bahn: jacques bonsergent, république oder goncourt

(26) Kleider, Röcke, Schuhe, Schals, Hüte, Kinderkleidung und Bettwäsche aus traditionellen afrikanischen Materialien mit einer modernen westlichen Note – das ist **Africouleur**. Alle Artikel können auch über den Webshop des Ladens bestellt werden.
108, rue saint-maur, 11. arr., www.africouleur.com, telefon: 01 56981536, geöffnet: di-sa 10.30-20.30, u-bahn: rue saint-maur oder parmentier

(27) Im Weinladen **Au Nouveau Nez** sind die Regale mit erlesenen Qualitäts-weinen und Champagner gefüllt. Das Angebot ist nicht gerade groß, aber gut und um einige Bioweine ergänzt. Wer den soeben erstandenen Wein gleich probieren möchte, kann die Flasche an Ort und Stelle öffnen und ein paar Tapas dazu bestellen.
112-114, rue saint-maur, 11. arr., telefon: 01 43550230, geöffnet: di 16.00-21.00, mi-sa 15.00-22.00, u-bahn: rue saint-maur oder parmentier

(28) Auf der Suche nach einem witzigen Geschenk? **L'Auto école** verkauft aus-gefallene Accessoires wie Pelz-Geldbeutel und eigenwillige Halsketten aus Draht sowie jede Menge ungewöhnlicher Kuriositäten.
101, rue oberkampf, 11. arr., telefon: 01 43553194, geöffnet: mo 16.00-20.30, di-fr 12.00-14.00 & 14.30-20.30, sa 12.00-20.30, u-bahn: parmentier oder rue saint-maur

(29) Die Taschen, der Schmuck und die Accessoires von **Made by Moi** sind, wie der Name schon andeutet, handgefertigt. Einige Dinge sind Unikate, andere werden in kleinen Stückzahlen hergestellt. Es gibt auch eine kleine Kollektion schöner Kleidung.
86, rue oberkampf, 11. arr., www.madebymoi.fr, telefon: 01 58309578, geöffnet: di-sa 11.00-19.30, u-bahn: parmentier

(30) L'**Imagigraphe** ist ein innovativer Laden rund um Bild und Ton, der auf-grund des orangefarbenen Schaufensters nicht zu übersehen ist. Der Shop ist voll mit Büchern, Briefpapier, CDs und DVDs. Fragen Sie an der Kasse nach dem Programm, wenn Sie hier einmal eine Lesung oder eine Kunst-präsentation miterleben wollen.
84, rue oberkampf, 11. arr., www.imagigraphe.fr, telefon: 01 48075420, geöffnet: mo-mi & fr-sa 10.00-20.00, do 10.00-21.00, u-bahn: parmentier

Paris live

(2) Warum nicht einen sonnigen Tag am **Bassin de la Villette** verbringen? Spazieren Sie am Wasser entlang, picknicken Sie oder spielen Sie Boule. Pariser treffen sich hier gern zu einem Picknick oder auf einen Drink. Beiderseits des Kanals gibt es sogar ein Kino. Tipp: Kaufen Sie die Eintrittskarte am Ufer, an dem der Film nicht läuft, und setzen Sie mit dem Boot über.
quai de la loire, u-bahn: jaurès oder stalingrad

(4) Die Buttes Chaumont waren einst ein Sumpfgebiet. 1864 beauftragte Napoleon III. den Stadtarchitekten Haussmann, das Niemandsland trockenzulegen. Bereits 1867 wurde der **Parc des Buttes Chaumont** eröffnet: eine einzigartige Landschaft mit Bäumen, Büschen, Treppen, Höhlen und einem großen See mit einem Felsen darin, auf dem ein Nachbau des Tempels der Sybille steht. Wer zum Tempel emporsteigt, wird mit einem überraschend schönen Blick auf Sacré-Cœur belohnt.
rue manin, rue botzaris, avenue simon-bolivar, 19. arr., butteschaumont.free.fr, geöffnet: täglich mai-sept. 7.00-22.00, okt.-apr. 7.00-20.00, u-bahn: buttes chaumont oder botzaris

(9) Am Ende des idyllischen Sträßchens Villa de l'Ermitage befindet sich das **Studio de l'Ermitage**, ein Konzert-, Film- und Theatersaal. Einen Überblick über das interessante Programm erhalten Sie auf der Website. Die Villa de l'Ermitage liegt zwar mitten in der Großstadt, wirkt aber wie eine Dorfstraße. Es macht Spaß, hindurchzuschlendern, die kunstvollen Graffitis zu bewundern und die typischen Häuschen zu fotografieren. Vielleicht können Sie sogar einen Künstler bei der Arbeit beobachten.
8, rue de l'ermitage, 20. arr., www.studio-ermitage.com, telefon: 01 44620286, geöffnet: täglich 20.30-2.00, preis: 8 €, u-bahn: ménilmontant, jourdain oder gambetta

BASSIN DE LA VILLETTE ②

(10) Während des sonntäglichen Jazzbrunches ist das Kulturzentrum **La Bellevilloise** immer proppenvoll. Im hauseigenen Lokal Halle des Olivier kann man sich unter großen Olivenbäumen französische Köstlichkeiten vom Buffet schmecken lassen. Ob Ausstellungen, Tanz, Konzerte, Disco – das Programm des Kulturzentrums ist sehr breit gefächert, das Publikum lässt sich eher der alternativen Szene zuordnen. Ein weiteres Kulturzentrum in der Nähe ist La Maroquinerie (23 Rue Boyer), ebenfalls mit Restaurant.

19-21 rue boyer, 19. arr., www.labellevilloise.com, telefon: 01 46360707, geöffnet: mi-do 19.00-1.00, fr 19.00-2.00, sa 11.00-2.00 oder 18.00-2.00 (programmabhängig), so 11.30-17.00 (brunch um 11.30 und 14.00), eintritt: 10-20 € (programmabhängig), sonntagsbrunch 29 €, u-bahn: ménilmontant, jourdain oder gambetta

(13) Der 1988 auf einem steilen Hügel angelegte **Parc de Belleville** ist der am höchsten gelegene Park der Stadt. Er ist zwar klein, aber empfehlenswert – allein schon wegen der fantastischen Aussicht über die Stadt. Außerdem gibt es hier wunderbare Spazierwege, Treppenanlagen, Brunnen, die einst die Stadt mit Wasser versorgten, und Wasserfälle, die sich in Teiche ergießen.
rue piat, rue des couronnes, rue julien-lacroix, 20. arr., geöffnet: im winter mo-fr 8.00-19.00, sa-so 9.00-19.00, im sommer mo-fr 8.00-21.30, sa-so 9.00-19.30, u-bahn: pyrénées oder couronnes

(17) Die **Place Sainte-Marthe** ist ein lauschiges Juwel, an dem zwei Bistros liegen. Gerne spielen hier Straßenmusikanten, manchmal werden auch kleine Theaterstücke aufgeführt. Ein herrlicher Ort, um einen warmen Sommerabend zu genießen.
place sainte-marthe, 10. arr., u-bahn: colonel fabien oder belleville

(19) Der zwischen 1821 und 1825 angelegte **Canal Saint-Martin** ist über vier Kilometer lang. Ein ausgeklügeltes Schleusensystem regelt den Wasserstand, um den Höhenunterschied von mehr als 25 Metern zu überbrücken. Die Gegend rund um den Kanal erfreut sich immer größerer Beliebtheit, denn hier gibt es nette Cafés, Restaurants und Modeshops.
le canal saint-martin, 10. arr., u-bahn: république oder goncourt

(20) **Le Comptoir Général** lässt sich nicht so leicht einordnen. Wahrscheinlich trifft "alternatives Zentrum" noch am ehesten zu. Allerdings in der Art, wie man es eher in Berlin oder Barcelona erwarten würde, jedoch weniger in Paris. Das Comptoir befindet sich in einem ehemaligen 600 Quadratmeter großen Stall, der im Kolonialstil eingerichtet ist. Der Stil ist *shabby chic*, das Ambiente geheimnisvoll. Überall gibt es etwas zu entdecken, zum Beispiel ein Raritätenkabinett oder ein Gewächshaus mit exotischen Pflanzen. An der Bar bekommt man frischen Ingwersaft, im kantinenähnlichen "Restaurant" gebackene Banane. Ein interessanter Ort für einen Aperitif, einen Brunch oder um eine Lesung oder eine Filmvorstellung mitzuerleben.
80, quai de jemmapes, 10. arr., www.lecomptoirgeneral.com, telefon: 01 44882045, geöffnet: täglich 10.00-1.00, eintritt: gegen freiwillige spende, u-bahn: république oder goncourt

LE GOSSIMA ㉞

㉞ **Le Gossima** ist die erste Tischtennisbar der Stadt: eine Bar, in der man etwas trinken und Tischtennis spielen kann. Das Lokal ist riesig und bietet mehrere Tischtennisplatten. Mal was anderes als Poolbillard. Freitags findet manchmal ein "Ping Pong Soul Disco"-Abend statt. Die 2014 eröffnete Bar ist der absolute Renner, vor allem bei einem Publikum unter 40.
4, rue victor gelez, 11. arr., www.gossima.fr, telefon: 09 67297579, geöffnet: mo 12.00-0.00, di-sa 12.00-2.00, so 12.00-20.00, eintritt: frei, miete tischtennistisch 6 €, u-bahn: ménilmontant oder rue saint-maur

Belleville, Canal Saint-Martin & Ménilmontant

SPAZIERGANG 6 (ca. 12 km)

Von der U-Bahn-Station Jaurés geht es Richtung Bassin de la Villette ① ②. Hier können Sie am Wasser entlangspazieren und Boule spielen ③. Dann rechts in die Rue E. Dehayin, den Park ④ durchqueren und nahe der U-Bahn-Station Botzaris ⑤ verlassen. In die Rue de la Villette einbiegen ⑥ ⑦ ⑧. Der Straße folgen, die in die Rue Dumay übergeht. Links in die Rue des Pyrenées und dann rechts in die Rue de l'Ermitage ⑨. Geradeaus in der Rue Boyer ein pulsierendes Kulturzentrum ⑩ besuchen. Geradeaus über die Rue de la Bidassoa und die Rue des Rondeux zum berühmten Friedhof Père-Lachaise ⑪ gehen. Den Friedhof bei der U-Bahn-Station Père-Lachaise verlassen und dem Boulevard de Ménilmontant bis zur Passage Monplaisir folgen. Über die Rue des Panoyaux und Rue Delaistre gelangen Sie zur Kirche von Ménilmontant. Links hinter der Kirche in die Rue de la Mare gehen, links in die Rue des Couronnes einbiegen und durch die Passage Plantin Richtung Park ⑫ ⑬ spazieren. Ihre Mühe wird mit der schönsten Aussicht auf die Stadt belohnt. Über die Rue des Couronnes wieder hinuntergehen und eine Ausstellung besuchen ⑭. Der Straße bis zur Rue Ramponeau folgen und rechts abbiegen. Dann links in die Rue Jouy-Rouve, um sich bei Le Baratin ⑮ zu stärken. Geradeaus in der Rue Rebéval einen Tisch für abends reservieren ⑯. Der Straße bis zum Boulevard de la Villette folgen und diesen überqueren. Der Rue de Sambre-et-Meuse ein paar Meter folgen und dann links in die Rue Saint-Marthe ⑰. Danach links in die Avenue Claude Vellefaux und rechts über die Rue Alibert ⑱ Richtung Canal Saint-Martin ⑲. Besuchen Sie hier das hippe Comptoir Général ⑳. Links in die Rue Bichat, um etwas zu essen oder einen Tee zu trinken ㉑. Zum Kanal zurückgehen und die eiserne Brücke überqueren ㉒. Links gehen und unterwegs ein Schnäppchen machen ㉓. Erneut die Brücke überqueren, der Rue Alibert folgen und rechts in die Rue Bichat einbiegen ㉔. Dann Richtung U-Bahn-Station Goncourt und dort in die Avenue Parmentier, in der es eine gute Alternative für abends ㉕ gibt. Links in die Rue Jean-Pierre Timbaud und dann zum Shoppen rechts in die Rue Saint-Maur ㉖ ㉗ ㉘ ㉙ ㉚. Die gemütliche Rue Oberkampf mit ihren zahlreichen Cafés durchqueren ㉛. Links in die Rue Crespin du Gast einbiegen, die das Musée Edith Piaf ㉜ und eine *rooftop bar* ㉝ beherbergt. Den Spaziergang in einem beliebten Café ㉞ abschließen.

LE VIADUC DES ARTS Ⓝ

Ⓞ Der **Parc de la Villette** steht ganz im Zeichen von Wissenschaft und Kunst. In diesem 1986 angelegten, futuristischen Stadtpark kann man dank Spielplatz, Museum und IMAX-Kino (La Géode) locker einen ganzen Tag verbringen. *211, avenue jean jaurès, 19. arr., www.villette.com, telefon: 01 40037575, u-bahn: porte de pantin oder porte de la villette*

Ⓟ **La Tour Montparnasse** ist ein 209 Meter hoher Turm, der über den schnellsten Aufzug Europas verfügt: In nur 38 Sekunden ist man im 56. Stock. Hier erwartet Sie eine fantastische Aussicht über Paris. Mutige treffen sich zwei Etagen höher auf der offenen Terrasse. *33, avenue du maine, 15. arr., www.tourmontparnasse56.com, telefon: 01 45385256, geöffnet: apr.-sept. täglich 9.30-23.30, okt.-märz so-do 9.30-22.30, fr-sa 9.30-23.00, eintritt: 14,50 €, u-bahn: montparnasse-bienvenüe*

Ⓢ **MARCHÉ ALIGRE**

Ⓠ Lassen Sie sich von der Warteschlange nicht abschrecken und steigen Sie die 91 Stufen hinab – in das unterirdische Totenreich voller Knochen aus alten Gräbern. Kein Wunder, dass sich um die **Katakomben** zahlreiche Mythen ranken. Bitte daran denken: Hier ist es sehr kühl, warm anziehen.
1, avenue du colonel henri rol-tanguy, 14. arr., www.catacombes.paris.fr, telefon: 01 43224763, geöffnet: di-so 10.00-16.00, eintritt: 8 €, u-bahn: denfert-rochereau

Ⓡ Auf den Pariser *marchés aux puces* (Flohmärkten) gibt es Trödel guter Qualität, Schnäppchenjäger kommen nur selten auf ihre Kosten. Der größte der Stadt ist der **Marché aux Puces de Saint-Ouen**, ein ganzes Dorf voller Antiquitätenläden. Für zahlreiche Filme wie *Midnight in Paris* diente der Ort bereits als Kulisse. Nette Cafés findet man hier ebenfalls, zum Beispiel die *guinguette* (Taverne) Chez Louisette (136, Avenue Michelet), in der man während eines guten Mittagessens Chansons lauschen kann, die live zum Besten gegeben werden.
av. de la porte de clignancourt, 18. arr., www.marcheauxpuces-saintouen.com, geöffnet: sa-mo 7.00-19.30, u-bahn: porte de clignancourt

Ⓢ Lebhaft geht es am Samstag- und Sonntagvormittag auf dem Gemüse-markt **Marché Aligre** zu. Hier treffen sich die Bewohner der Gegend nicht nur zum Einkauf. Im Le Baron Rouge (1, Rue Théophile Roussel), einem der vielen Lokale am Markt, lässt man die Woche bei einem Glas Wein Revue passieren.
place d'aligre, 12. arr., geöffnet: sa-so 8.00-13.00, u-bahn: ledru-rollin

Ⓣ Das **Musée Marmottan Monet** ist bekannt für seine Sammlung von Bildern des französischen Impressionisten Claude Monet. Neben dessen *Wasserlilien* kann man in dem prachtvollen Gebäude aus dem 19. Jahrhundert auch eine Reihe von Kunstgegenständen im Renaissance- und Empirestil be-wundern. Wer schon einmal hier ist, sollte sich auch ein Essen im stimmungs-vollen Restaurant La Gare (19, Chaussee de la Muette), einem ehemaligen Bahnhof, nicht entgehen lassen.
2, rue louis boilly, 16. arr., www.marmottan.fr, telefon: 01 44965033, geöffnet: di-mi, sa-so 10.00-18.00, do10.00-20.00, eintritt: 10 €, u-bahn: la muette

Ⓤ Unweit der U-Bahn-Station Passy befindet sich in einem Keller das **Musée du Vin**. In dem kleinen Museum erfahren Besucher anhand einer interessanten Ausstellung in weniger als einer Stunde alles über Wein, heutige und frühere Produktionsmethoden und die Geräte, die dazu benutzt wurden und werden. Wer mehr Zeit mitbringt, kann an einer Weinprobe (für Einsteiger oder Kenner) teilnehmen oder ein Mittagessen im hauseigenen Restaurant genießen, bei dem zu jedem Gang der passende Wein serviert wird.
5, square charles dickens, 16. arr., www.museeduvinparis.com, telefon: 01 45256326, geöffnet: museum di-sa 10.00-18.00, restaurant di-sa 12.00-15.00, eintritt: museum 10 €, u-bahn: passy

Ausgehen

Wenn man in Paris ausgehen möchte, hat man die Qual der Wahl. Denn entstprechende Angebote gibt es in Hülle und Fülle überall in der Stadt. Wer auf Weinbars oder Keller-Clubs steht, der geht in die Rue de Princesse und Rue des Cannettes im 6. Bezirk. Auf der Suche nach einem großen Tanzlokal? Dann werden Sie an den Grands Boulevards fündig. Pariser gehen aber auch gerne in Konzerte, Theater oder ins Kino. Wer wissen möchte, was gerade los ist, kann sich an einem Kiosk das *Magazin Pariscope* oder *l'Officiel des Spectacles* kaufen. Im Folgenden finden Sie eine Auswahl an guten Ausgehmöglichkeiten. Die Buchstaben sind auch auf der Übersichtskarte vorne verzeichnet.

(v) Im **Sunset** (1983) und **Sunside** (2001) treten nicht nur klangvolle Namen aus der Jazzwelt wie Brad Mehldau, Kenny Barron oder Kurt Elling, sondern auch junge Talente auf. Im Sunset liegt der Schwerpunkt auf Elektrojazz und Weltmusik, im Keller des Sunside auf Akustikjazz.
60, rue des lombards, 1. arr., www.sunset-sunside.com, telefon: 01 40264660, für öffnungszeiten und programm siehe website, u-bahn: châtelet

(w) Bekannt wurde das **Kong** als Drehort für den Film *Sex and the City*. Die Einrichtung des Restaurants mit Bar geht auf das Konto von Stardesigner Philippe Starck zurück. Genießen Sie ein herrliches Mittagessen mit Seine-Blick oder ein Dinner mit fernöstlicher Note. Oder schlürfen Sie abends einen Cocktail – natürlich in Abendgarderobe – und machen Sie später im Nachtclub in der oberen Etage die Nacht zum Tag.
1, rue du pont neuf, 1. arr., www.kong.fr, telefon: 01 40390900, geöffnet: täglich

(x) Vor nicht allzu langer Zeit befanden sich am Wasser der Seine im 13. Bezirk noch zahlreiche verlassene Gebäude, heute ist diese Gegend ein Hotspot. Unweit der Bibliothèque nationale de France liegen Schiffe am Kai vertäut, die zum Essen, Loungen oder Feiern einladen. Das **Wanderlust** – ein Stückchen weiter – ist nicht zuletzt wegen der vielen Freizeitangebote sehr beliebt: Kino, kreative Workshops, Sport und vieles mehr. Und wer nur etwas trinken oder auf der Dachterrasse zur Musik von wöchentlich wechselnden DJs tanzen will, ist ebenfalls richtig. Nach Mitternacht kann man im Club weitertanzen.
32, quai d'austerlitz, 13. arr., www.wanderlustparis.com, für öffnungszeiten und preise siehe website, u-bahn: gare d'austerlitz oder quai de la gare

(Y) Neben, unter und auf der Seine tanzen? Im Nachtclub **Showcase** an der Seine-Brücke Pont Alexandre III ist das möglich. Für Fans von Elektro und House ist der Club, in dem namhafte DJs auflegen, ein Muss.
port des champs-élysées, 8. arr., www.showcase.fr, geöffnet: do-sa 23.30-6.00, eintritt: je nach programm 0-15 €, u-bahn: champs-élysées clemenceau

(Z) **La Machine du Moulin Rouge** liegt etwas versteckt unter dem Moulin Rouge in Montmartre. Ob tanzen, Konzerte, Festivals, DJ-Musik – das Programm ist sehr abwechslungsreich. In unmittelbarer Nähe des Clubs gibt es weitere internationale Tanzlokale und das bekannte Club Bus Paladium.
90, boulevard de clichy, 18. arr., www.lamachinedumoulinrouge.com, telefon: 01 53418889, geöffnet: je nach programm 19.30-5.00, eintritt: 0-20 €, je nach programm, u-bahn: blanche oder place de clichy

Alphabetischer Index

Thematischer Index

PARIS LIVE

HOTELS

Impressum

Dieser 100%-Cityguide wurde mit
größter Sorgfalt zusammengestellt.
mo media ist nicht verantwortlich für
eventuelle inhaltliche Fehler.
Anmerkungen und/oder Kommentare
können Sie gern an **mo media GmbH,
Elisabethkirchstraße 17, 10115 Berlin**
oder **info@momedia.com** richten.

autoren
Mandy Schreuder (Aktualisierung),
Maaike van Steekelenburg,
Evelyn ter Bekke

fotografie
Vincent van den Hoogen, Marjon
Hoogervorst, Duncan de Fey

übersetzung
bookwerk GbR Köln/München

lektorat
Caroline Kazianka (Aktualisierung, für
bookwerk), Ulrike Grafberger

schlussredaktion
Annette Steger, Anna M. Schmidt,
mo media

konzeptgestaltung
Studio 100%

gestaltung & lithografie
MasterColors MediaFactory

kartografie
Van Oort Redactie en Kartografie

100% Paris
ISBN 978-3-95831-002-5

© mo media GmbH, Berlin,
aktualisierte Neuausgabe März 2015

100% CITYGUIDES

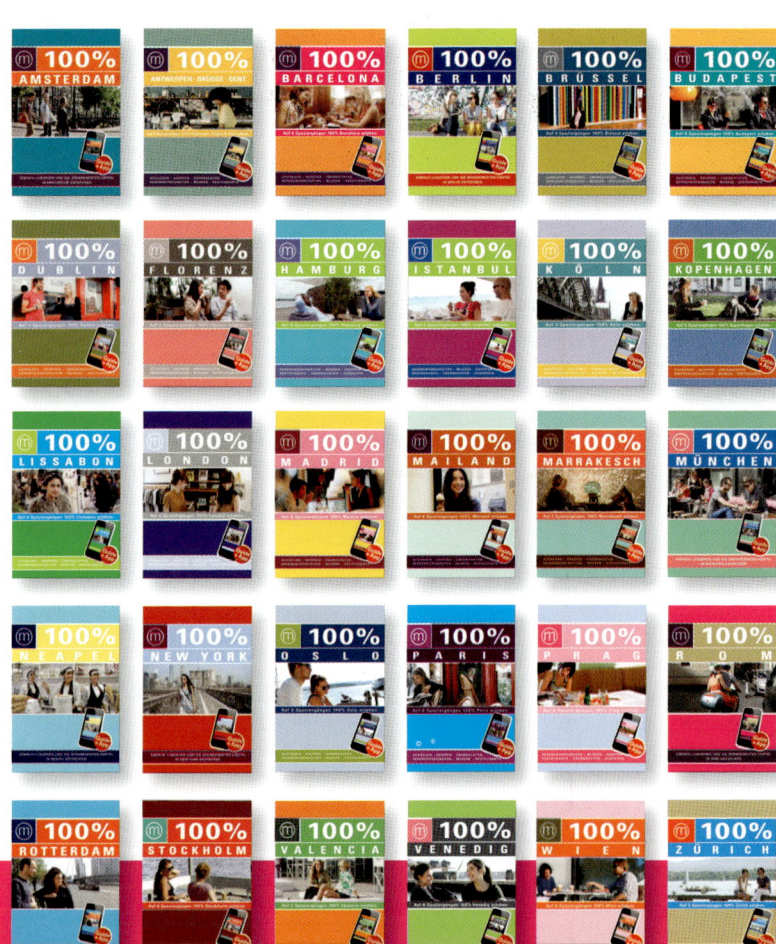

Ausführliche Informationen zum 100% Programm finden
Sie auch auf unserer Homepage unter **www.100travel.de**

Folgen Sie uns auf 📘 🐦 📌 und teilen Sie Ihre eigenen 100% Tipps!

Mehr zu 100% unter: **www.100travel.de**